Poesia e mito

CONSELHO EDITORIAL

André Luiz V. da Costa e Silva

Cecilia Consolo

Dijon De Moraes

Jarbas Vargas Nascimento

Luís Augusto Barbosa Cortez

Marco Aurélio Cremasco

Rogerio Lerner

Blucher

Otto Rank

Poesia e mito
*Os textos que Freud baniu de
A interpretação dos sonhos*

Organização
Paulo Sérgio de Souza Jr.

Tradução
Natan Schäfer

Poesia e mito: os textos que Freud baniu de A interpretação dos sonhos, Otto Rank
Série pequena biblioteca invulgar, coordenada por Paulo Sérgio de Souza Jr.
Títulos originais: *Traum und Dichtung* e *Traum und Mythus*
© 1914
© 2023 Editora Edgard Blücher Ltda.

Publisher Edgard Blücher
Editores Eduardo Blücher e Jonatas Eliakim
Coordenação editorial Andressa Lira
Produção editorial Thaís Costa
Tradução Natan Schäfer
Preparação de texto Antonio Castro
Diagramação Negrito Produção Editorial
Revisão de texto e cotejo Rosimar Rosário
Capa e projeto gráfico Leandro Cunha

Nossos mais cordiais agradecimentos a Jasmina Schmidt
e Carlos Fernandes pelas contribuições nesta tradução.

Blucher

Rua Pedroso Alvarenga, 1245, 4° andar
04531-934 – São Paulo – SP – Brasil
Tel.: 55 11 3078-5366
contato@blucher.com.br
www.blucher.com.br

Segundo Novo Acordo Ortográfico,
conforme 6. ed. do *Vocabulário Ortográfico
da Língua Portuguesa*, Academia Brasileira de
Letras, julho de 2021.

É proibida a reprodução total ou parcial por
quaisquer meios sem autorização escrita
da editora.

Todos os direitos reservados pela Editora
Edgard Blücher Ltda.

DADOS INTERNACIONAIS DE CATALOGAÇÃO
NA PUBLICAÇÃO (CIP)
ANGÉLICA ILACQUA CRB-8/7057

Rank, Otto
    Poesia e mito : os textos que Freud baniu
de *A interpretação dos sonhos* / Otto Rank ;
organização do volume : Paulo Sérgio de
Souza Jr. ; tradução do alemão : Natan
Schäfer. – São Paulo : Blucher, 2023.
    166 p. (série pequena biblioteca invulgar)

    Bibliografia
    ISBN 978-65-5506-627-2
    Título original: *Traum und Dichtung; Traum
und Mythus*

    1. Psicanálise 2. Freud, Sigmund, 1856-
1939 – Sonhos I. Título II. Souza Junior, Paulo
Sérgio de III. Schäfer, Natan

23-3113   CDD 150.195

Índice para catálogo sistemático:
1. Psicanálise

Apresentação da série pequena biblioteca invulgar

São muitos os escritos e autores excepcionais que, apesar de mencionados em obras amplamente divulgadas no Brasil, ainda não se encontram acessíveis aos leitores. Surgindo muitas vezes como referências em textos consagrados, é comum conhecermos pouco mais que seus nomes, títulos e esboços de ideias. A partir da psicanálise como eixo organizador, a **pequena biblioteca invulgar** coloca em circulação, para psicanalistas e estudiosos das humanidades em geral, autores e escritos como esses. A série abrange desde títulos pioneiros até trabalhos mais recentes que, por vezes ainda excêntricos ao nosso panorama editorial, ecoam em diversas áreas do saber e colocam em cena as relações do legado freudiano com outros campos que lhe são afeitos. Também abriga novas traduções de textos emblemáticos da teoria psicanalítica para o português brasileiro a fim de contribuir, ao seu modo, com a rede de referências fundamentais às reflexões que partem da psicanálise ou que, advindas de outras disciplinas, nela também encontram as suas reverberações.

Conteúdo

A outra interpretação dos sonhos   **9**
Caio Padovan

Sonho e poesia   **37**
Sonho e mito   **105**

Os profetas da psicanálise   **143**
Camila de Moura

Índice onomástico   **163**

Prefácio

A outra interpretação dos sonhos

CAIO PADOVAN (1986-) é psicólogo, doutor em Psicopatologia e Psicanálise pela Universidade Paris Diderot (Paris 7), com pós-doutorado no Departamento de Filosofia da Pontifícia Universidade Católica do Paraná. Além de exercer atividade clínica em consultório particular, atua como professor e pesquisador nos programas de pós-graduação em Psicologia da Universidade Estadual Paulista e de Filosofia da Universidade Federal de São Carlos. Na França, lecionou durante alguns anos no Departamento de Psicologia da Universidade de Montpellier. Desenvolve pesquisas na área de história e filosofia da psicologia, da psicanálise e da psiquiatria, com significativa produção no campo. É editor associado da *Revista latino-americana de psicopatologia fundamental*, seção Epistemologia da psicopatologia, e membro do Instituto de Pesquisa e Estudos em Psicanálise (IPEP). Atualmente, vive entre dois países, com residência em Curitiba e Montpellier.

A outra interpretação dos sonhos

A outra interpretação dos sonhos

Caio Padovan

Em 1905, momento em que o movimento psicanalítico começava a tomar forma em solo vienense, Sigmund Freud será interpelado por um ousado jovem de 21 anos. Esse contato será feito por intermédio de seu médico pessoal, Alfred Adler, a quem havia recorrido no ano anterior em razão de suas frequentes flutuações de humor. Em uma carta datada de 12 de maio, assinada pelo jovem, encontramos a seguinte passagem endereçada a Freud: "Em outubro do ano passado, quando me ocupava um tanto de psicologia infantil, o dr. Adler chamou minha atenção para o seu livro *A interpretação dos sonhos*. Li a obra de cabo a rabo e fiquei muito impressionado".[1] Na sequência, o jovem revela também ter feito uma leitura atenta

---

1 Esse documento, datado do dia 12 de maio de 1905, encontra-se anexo à edição francesa da correspondência de Freud e Rank. Cf. Avrane, P. (2015). *Sigmund Freud-Otto Rank. Correspondance 1907-1926* [Correspondência de Sigmund Freud e Otto Rank, 1907-1926] (S. Achache-Wiznitzer, J. Dupont et al., trad.). Paris: Campagne Première.

de outros textos freudianos, como os *Estudos sobre a histeria*,[2] incluindo outros trabalhos publicados na mesma época em revistas médicas especializadas. A carta termina indicando que, no mês de abril de 1905, ao fazer uma segunda leitura da obra sobre os sonhos, o jovem havia decidido se aprofundar em seu estudo, chegando a propor a Freud uma interpretação alternativa de um dos sonhos do psicanalista.

Seguindo os indícios deixados pelo autor da correspondência, podemos facilmente localizar o material. Trata-se de um sonho descrito por Freud no sexto capítulo de seu livro, mais precisamente na seção "f", dedicada aos "sonhos absurdos" e às "operações intelectuais no sonho".[3] A experiência onírica de Freud será narrada da seguinte forma em sua obra:

> Vou com P. ao hospital, passando por uma área onde há casas e jardins. Tenho em mente já ter visto esse local várias vezes em meus sonhos. Não o conheço muito bem. Ele me mostra um caminho, passando por uma esquina em direção a um restaurante (um salão, não um jardim); lá pergunto pela sra. Doni e me dizem que ela mora nos fundos, numa pequena edícula, com três crianças. Vou lá e me deparo com uma pessoa indistinta na companhia de minhas duas filhas pequenas. Enfim, após ter passado um tempo com elas ali, eu as

---

2 Freud, S. (1893-1895/2016). *Estudos sobre a histeria* (Obras completas, Vol. 2) (L. Barreto, trad.). São Paulo: Companhia das Letras.

3 Freud, S. ([1899]1900). *Die Traumdeutung* [A interpretação dos sonhos]. Leipzig/Wien: Franz Deuticke. Seção "g", a partir da quarta edição da obra, publicada em 1914.

levo comigo. Uma espécie de recriminação à minha esposa por tê-las deixado lá.[4]

Feita a descrição, Freud conclui, com "grande satisfação", que esse sonho já havia sido por ele sonhado, e termina referenciando em nota de rodapé um artigo publicado na *Revue philosophique de la France et de l'étranger* [*Revista filosófica da França e do exterior*] sobre as "paramnésias nos sonhos".[5]

Ao consultar alguns volumes do periódico em questão, descobrimos que a citação se refere ao trabalho do intelectual francês Paul Tannery (1843-1904), que, em contribuição recente à *Revue philosophique*, havia discutido diferentes formas de deformação onírica que tendiam a se expressar como uma espécie de *déjà-vu* nos sonhos.[6] Cabe notar, no entanto, que Tannery não se referia a qualquer tipo de deformação, mas a deformações que implicavam jogos de homofonia bastante característicos. Em sua descrição, uma imagem evocaria outra em sonho principalmente em função da "similaridade sonora" dos significantes a elas associados. Recorrendo a um exemplo extraído do clássico de Alfred Maury,[7] o autor ilustra seu

---

4 Freud, S. ([1899]1900). *Die Traumdeutung* [A interpretação dos sonhos]. Leipzig/Wien: Franz Deuticke, p. 258.

5 Freud, S. ([1899]1900). *Die Traumdeutung* [A interpretação dos sonhos]. Leipzig/Wien: Franz Deuticke, p. 258, nota.

6 Tannery, P. (1898). Sur la paramnésie dans le rêve [Sobre a paramnésia no sonho], *Revue philosophique de la France et de l'étranger*, 23(46), pp. 420-423.

7 Cf. Maury, A. (1861). *Le sommeil et les rêves: études psychologiques sur ces phénomènes et les divers états qui s'y rattachent, suives de recherches sur le développement de l'instinct et de l'intelligence dans leurs rapports avec le phénomène du*

argumento afirmando que um sonhador que adormece pensando no sr. *Lepelletier* poderá produzir imagens oníricas de *pelle*, "pá", de modo que o conteúdo original do sonho — nesse caso, a pessoa que porta o nome Lepelletier — possa ainda vir a se expressar na forma de uma *fourrure* (*pelleteries*), como um "casaco de pele".[8]

Apesar de extremamente sugestivo ao leitor familiarizado com a teoria psicanalítica dos sonhos, nada disso fica explícito na nota de Freud. Sua citação é indireta e não faz menção ao argumento de Tannery. Ora, a mesma negligência não será cometida por aquele jovem de 21 anos que, motivado pelo entusiasmo de suas recentes leituras, irá propor a Freud uma nova análise do sonho da sra. Doni. Lembramos que, em sua curta análise, Freud se limita a dizer que a satisfação por ele experimentada estaria ligada ao fato de ter tido filhos, contrariamente a seu colega P., que, embora tenha construído um

---

sommeil [O sono e os sonhos: estudos psicológicos sobre esses fenômenos e os diversos estados a eles associados, seguidos de pesquisas sobre o desenvolvimento do instinto e da inteligência em suas relações com o fenômeno do sono]. Paris: Didier et Cie.

8 Tannery, P. (1898). Sur la paramnésie dans le rêve [Sobre a paramnésia no sonho], *Revue philosophique de la France et de l'Étranger, 23*(46), pp. 420-423. A passagem correspondente de Maury se encontra no sexto capítulo de sua obra sobre os sonhos, citada anteriormente: "Estava na rua Jacob, na casa do sr. Pelletier, o químico, e numa conversa que tive com ele, deu-me uma *pelle* de zinco, que foi o meu grande cavalo de batalha num sonho posterior, mais fugaz do que os anteriores, e que não consegui recordar. Eis aqui três ideias, três cenas principais visivelmente ligadas entre si pelas palavras *pèlerinage* [peregrinação], *Pelletier* [Peleiro], *pelle* [pá], ou seja, por três palavras que começam da mesma maneira e que estão evidentemente associadas por assonância; elas se tornaram os elos de um sonho aparentemente muito incoerente." (pp. 111-112).

grande patrimônio, não havia deixado descendentes. Quanto aos restos diurnos do sonho, Freud diz ter lido a nota de falecimento de uma senhora, "Dona A...y" (daí "Doni"), que veio a óbito no puerpério, e acrescenta que, segundo sua mulher, essa senhora havia recebido os cuidados da mesma parteira que acompanhou o nascimento de seus dois filhos mais novos. O nome "Dona" havia chamado a atenção de Freud por ter aparecido, pouco antes e pela primeira vez, em um romance inglês. Outro elemento que será destacado pelo psicanalista é que aquele conteúdo havia sido sonhado na noite anterior ao aniversário de seu filho mais velho, um garoto que parece ter algum talento para a poesia.

A análise alternativa feita pelo jovem será enviada em anexo para Freud, junto à carta do dia 12 de maio de 1905, e se revelará muito mais longa e ambiciosa. Ela inicia retomando o primeiro trecho do relato freudiano: *Ich gehe mit P. durch eine Gegend, in der Häuser und Gärten vorkommen, in's Spital,* "Vou com P. ao hospital, passando por uma área onde há casas e jardins". Esse conjunto de elementos — casas e jardins —, localizado em uma área relativamente extensa, será associado pelo jovem a *Villa*, "casarão". Na sequência, ele recorrerá a um segundo sonho de Freud,[9] que coloca em cena um telegrama enviado da Itália com algumas palavras escritas em azul, na dobra do papel. A primeira palavra é indistinta, podendo ser *via*, *Villa* ou até *Casa*; a segunda, mais clara, é *Sezerno*. Ora, substituindo "i" por "y", a palavra *via* será associada, pela

---

9 Freud, S. ([1899]1900). *Die Traumdeutung* [A interpretação dos sonhos]. Leipzig/Wien: Franz Deuticke, p. 217.

sequência de vogais que apresenta, à Dona A...y, que, por sua vez, será foneticamente associada, agora pelo pronome de tratamento que a precede, à palavra italiana *donna*, com dois "n", que nos enviaria mais uma vez a *Villa*, com dois "l". Por assonância, *Sezerno*, em alemão, será associado ao verbo latino *secerno* ("divido", "separo", "excluo"), sendo interpretado aqui como algo que se encontra escondido. E, efetivamente, segundo Freud, o sonho do telegrama havia sido motivado por um sentimento de irritação, ligado ao fato de um de seus colegas ter mantido "em segredo" o seu paradeiro na Itália.

A análise segue, mas o que nos interessa aqui é chamar atenção para os jogos de palavras sugeridos pelo jovem intérprete. O complexo associativo que reúne palavras, sons e imagens parece também guardar um segredo, revelando algo que se mostra ausente em sua interpretação oficial. Freud, um homem de origens modestas, teria ansiado por uma vida mais confortável para a sua família, talvez em um casarão (*Villa*), onde poderia abrigar seus filhos e filhas, evitando toda e qualquer forma de coabitação desnecessária. A satisfação que ele exprime após ter sonhado o sonho da Doni seria, nesse sentido, encobridora, pois esconderia um desejo de punição dirigido à sua mulher.

A carta será assinada por um tal Otto Rosenfeld, artesão serralheiro em uma oficina de Viena.[10] Sabemos que seu pai também era artesão, no ramo da joalheria, e que a família, de

---

10 Cf. Lieberman, E. J. (1991). *La volonté en acte: la vie et l'œuvre d'Otto Rank* [A vontade em ato: vida e obra de Otto Rank] (A. Weill, trad.). Paris: Presses universitaires de France, p. 41.

imigrantes judeus, havia se estabelecido há não mais de uma geração em Leopoldstadt, região periférica da capital imperial, situada na outra margem do rio Danúbio. Em 1903, aos 19 anos, Otto renunciará formalmente à religião judaica, declarando-se *konfessionslos* (sem confissão), assumindo para si outro sobrenome. Será, nesse momento, que "Rosenfeld" dará lugar a "Rank".

Não temos como saber a que ponto Freud foi tocado pela intervenção do jovem Otto. Na realidade, não temos nem mesmo como saber com absoluta certeza se o psicanalista chegou a receber essa carta, encontrada em forma de rascunho nos documentos de Rank por arquivistas dedicados à história da psicanálise.[11] O que podemos atestar é que, anos mais tarde, ao relembrar o possível ocorrido, Freud irá qualificar a interpretação feita pelo jovem de "atípica e brutal", chamando atenção para o fato de que, embora pertinente em sua forma, não teria levado em conta certas peculiaridades do sonhador.[12] Todo psicanalista com alguma experiência sabe que uma interpretação pode fazer sentido sem causar efeitos. Seja como for, Freud reconhecerá o mérito desse esforço, incentivando o jovem a prosseguir com suas leituras.

---

11 Lieberman, E. J. (1991). *La volonté en acte: la vie et l'œuvre d'Otto Rank* [A vontade em ato: vida e obra de Otto Rank] (A. Weill, trad.). Paris: Presses universitaires de France, p. 88. Mais adiante (p. 95), o autor sugere que essa carta talvez nunca tenha chegado a Freud.

12 Ver carta enviada por Freud (183F) no dia 26 de novembro 1923. Cf. Avrane, P. (2015). *Sigmund Freud-Otto Rank: Correspondance 1907-1926* [Correspondência de Sigmund Freud e Otto Rank, 1907-1926] (S. Achache-Wiznitzer, J. Dupont et al., trad.). Paris: Campagne Première, p. 304.

A outra interpretação dos sonhos

Ainda em 1905, provavelmente entre os meses de março e junho,[13] Rank apresentará ao psicanalista o manuscrito de um trabalho mais longo. Tratava-se do esboço da obra *Der Künstler* [*O artista*],[14] publicada dois anos mais tarde, em 1907. Em uma nota datada de 25 de agosto, Freud sugere que a contribuição do jovem Otto deveria ser levada a sério,[15] chegando a escrever um comentário detalhado a respeito do texto, provavelmente encaminhado a Rank naquele mesmo ano.[16] Quase dez anos mais tarde, no famoso artigo "Contribuição à história do movimento psicanalítico", Freud retomará o episódio com alguma satisfação, dizendo que, "certo dia", um jovem "se apresentou a nós com um manuscrito que revelava extraordinário entendimento".

Introduzindo-se assim, incialmente de maneira informal, no interior do então nascente movimento psicanalítico, Rank passará, em 1906, a frequentar as reuniões da Sociedade Psicológica das Quartas-Feiras, grupo fundado por Freud em 1902 com o objetivo de discutir temas gerais de interesse

---

13 Lieberman, E. J. (1991). *La volonté en acte: la vie et l'œuvre d'Otto Rank* [A vontade em ato: vida e obra de Otto Rank] (A. Weill, trad.). Paris: Presses universitaires de France, p. 88.

14 Rank, O. (1907). *Der Künstler: Ansätze zu einer Sexual-Psychologie* [O artista: elementos para uma psicologia sexual]. Wien/Leipzig: Heller.

15 Cf. *Library of Congress* (LoC). Sigmund Freud Papers: General Correspondence, 1871-1996; Rank, Otto; Photocopies and transcripts; 1905-1916. Series: General Correspondence, 1871-1996; mss39990, box 39. Disponível em: http://hdl.loc.gov/loc.mss/ms004017.mss39990.01073.

16 Cf. *Library of Congress* (LoC). Series: Oversize, 1859-1985; mss39990, box OV 14; reel 6. "Bemerkungen zu Otto Rank, 'Der Künstler'", holograph manuscript with photocopy. Disponível em: http://hdl.loc.gov/loc.mss/ms004017.mss39990.02108.

psicanalítico. Tendo apenas formação técnica, o jovem será encorajado a retomar os estudos secundários e a ingressar na universidade. Para que pudesse se manter financeiramente durante seu percurso, será a ele oferecido um posto de secretário na Sociedade. Uma de suas principais funções será a de redigir a ata dos encontros, tomando nota das intervenções e discussões feitas pelos membros ao longo das reuniões.

Essas reuniões eram realizadas na casa de Freud, situada em um bairro residencial de Viena, na rua Berggasse, 19. Começavam pontualmente às 21h, mas todos os membros da Sociedade eram convidados a chegar meia hora antes do início da exposição prevista. Para a discussão, a ordem das intervenções era determinada por sorteio. Seguindo o calendário universitário, o primeiro encontro do ano letivo 1906-1907 ocorrerá em 3 de outubro, e a primeira intervenção registrada em ata foi uma exposição realizada pelo próprio Otto Rank, com o título "O incesto na dramaturgia e suas complicações".[17] Três semanas serão dedicadas à apresentação e à discussão do tema, ocupando as sessões dos dias 10, 17 e 24 de outubro de 1906.

A questão do incesto acompanhará Rank ao longo de sua formação acadêmica, dando origem a uma longa publicação em 1912, intitulada *Das Inzest-Motiv in Dichtung und Sage: Grundzüge einer Psychologie des dichterischen Schaffens*

---

17 Consultar o primeiro tomo de Nunberg, H. Federn, E. (org.). (2008). *Protokolle der Wiener Psychoanalytischen Vereinigung*, 4 vol. Gießen: Psychosozial-Verl. Uma tradução brasileira do volume, organizada por Marcelo Checchia, Ronaldo Torres e Waldo Hoffmann, encontra-se em: Nunberg, H; Federn, E. (2015). *Os primeiros psicanalistas: Atas da Sociedade Psicanalítica de Viena 1906-1908* (M. Marino, trad.). São Paulo: Scriptorium.

A outra interpretação dos sonhos

[*O tema do incesto na literatura e nos contos lendários: funda-mentos para uma psicologia da criação literária*]. Dividida em duas partes, essa obra monumental — que soma quase setecen-tas páginas — busca identificar nas literaturas clássica, moderna e contemporânea, bem como em certo número de contos len-dários anônimos, as raízes individuais das fantasias de incesto e a significação psicológica particular envolvida nos chamados "complexos fraternos". Em seu prefácio, Rank afirma que o "es-sencial deste trabalho" já estava presente em sua comunicação de 1906, e que se a obra veio a ser publicada apenas seis anos mais tarde, seria por "razões de inibição interna e dificuldades externas".[18] Do ponto de vista de seu conteúdo, encontramos aqui elementos que serão desenvolvidos e aprofundados em outras obras do mesmo período, como *Der Künstler* [*O artis-ta*], de 1907, citado anteriormente, *Der Mythus von der Geburt des Helden: Versuch einer psychologischen Mythenforschung* [*O mito do nascimento do herói: ensaio para uma investigação psi-cológica de mitos*],[19] publicado em 1909, e *Die Lohengrinsage: Ein Beitrag zu ihrer Motivgestaltung und Deutung* [*A saga de Lohengrin: uma contribuição sobre as suas configuração temáti-ca e interpretação*],[20] que foi sua tese de doutorado em Filosofia e Letras na Universidade de Viena, defendida em 1911.[21]

---

18 Rank, O. (1912). *Das Inzest-Motiv in Dichtung und Sage: Grundzüge einer Psychologie des dichterischen Schaffens*. Leipzig: Franz Deuticke, [s.p].

19 Rank, O. (1909). *Der Mythus von der Geburt des Helden: Versuch einer psycho-logischen Mythenforschung*. Leipzig/Wien: Franz Deuticke.

20 Rank, O. (1911). *Die Lohengrinsage: Ein Beitrag zur ihrer Motivgestaltung und Deutung*. Leipzig/Wien: Franz Deuticke.

21 Cf. Lieberman, E. J. (1991). *La volonté en acte: la vie et l'œuvre d'Otto Rank* [A

Será no contexto da obra sobre o mito do nascimento do herói, escrita por Rank entre 1907 e 1908, que Freud publicará alguns parágrafos, mais tarde reunidos com o título *O romance familiar dos neuróticos*.[22] Sabemos que será nesse brevíssimo trabalho que o psicanalista irá introduzir, de maneira mais concreta, a noção de Complexo de Édipo, definido, em 1910, como o "complexo nuclear de toda neurose".[23] Rank irá explorar essa ideia de maneira bastante extensa, recorrendo a diversos mitos, para além do Édipo propriamente dito. Trata-se, aqui, de um primeiro trabalho de colaboração entre os dois autores, uma obra que tomará por objeto nada menos

---

vontade em ato: vida e obra de Otto Rank] (A. Weill, trad.). Paris: Presses universitaires de France, p. 175.

22 Publicado sem título entre as pp. 64-68 do livro de Rank. O trecho será reproduzido na segunda edição da mesma obra, publicada em 1922, e reimpressa pela primeira vez de forma independente por Freud em 1931, em uma coletânea de textos teóricos e técnicos, com o título *Der Familienroman der Neurotiker* [*O romance familiar dos neuróticos*]. Nenhuma menção ao trabalho de Rank será feita nessa publicação. Cf. Freud, S. (1931). *Schriften zur Neurosenlehre und zur psychoanalytischen Technik (1913-1926)* [Escritos sobre a teoria das neuroses e sobre a técnica psicanalítica (1913-1926)]. Wien: Internationaler Psychoanalytischer Verlag, pp. 300-304. Uma nota aparecerá em uma reimpressão posterior do mesmo artigo indicando a procedência do texto. Cf. Freud, S. (1934). *Schriften aus den Jahren 1928 bis 1933. Vermischte Schriften* (Gesammelte Schriften, Vol. 12) [Escritos datados de 1928 a 1933. Escritos diversos (Escritos completos, Vol. 12)]. Wien: Internationaler Psychoanalytischer Verlag, pp. 367-371.

23 Cf. Freud, S. (1910). *Über Psychoanalyse: Fünf Vorlesungen* [Sobre psicanálise: cinco lições]. Leipzig/Wien: Franz Deuticke, p. 52. Em português brasileiro: Freud, S. (1910/2013). Cinco lições de psicanálise. In *Observações sobre um caso de neurose obsessiva (O homem dos ratos), uma recordação de infância de Leonardo da Vinci e outros textos* (Obras completas, Vol. 9) (pp. 220-286, P. C. de Souza, trad.). São Paulo: Companhia das Letras.

A outra interpretação dos sonhos

que o Complexo de Édipo, conceito fundamental da psicanálise freudiana.

No mesmo ano da publicação de *Der Mythus von der Geburt des Helden* [*O mito do nascimento do herói*], Freud irá
também incluir uma nota escrita pelo jovem Otto na segunda edição de *A interpretação dos sonhos*, relativa a um comentário feito por Friedrich Schiller em 1788 a respeito dos
"pensamentos involuntários" e sua importância para a criação
poética.[24] Essa nota havia sido lida por Rank no primeiro congresso psicanalítico internacional,[25] realizado em Salzburgo,
no ano de 1908.

Para além de exercer uma função administrativa na Sociedade Psicológica das Quartas-Feiras — promovida, em
1908, a Sociedade Psicanalítica de Viena —, redigindo atas
de reunião e relatórios diversos, Rank se ocupará da redação e
publicação de mais de vinte artigos até 1912. Dentre esses trabalhos, chamamos atenção para as suas contribuições à teoria
dos sonhos, como "Ein Traum, der sich selbst deutet" ["Um
sonho que interpreta a si mesmo"][26] e "Die Symbolschichtung
im Wecktraum und ihre Wiederkehr im mythischen Denken"
["A estratificação simbólica em sonhos que despertam e sua

---

24 Freud, S. ([1899]1900/1909). *Die Traumdeutung* [A interpretação dos sonhos]
(2a ed.). Leipzig/Wien: Franz Deuticke, p. 72.

25 Cf. Lieberman, E. J. (1991). *La volonté en acte: la vie et l'œuvre d'Otto Rank* [A
vontade em ato: vida e obra de Otto Rank] (A. Weill, trad.). Paris: Presses universitaires de France, p. 142.

26 Rank, O. (1910). Ein Traum, der sich selbst deutet, *Jahrbuch für psychoanalytische und psychopathologische Forschung, 2*(2), pp. 465-540

recorrência no pensamento mítico"];[27] bem como textos sobre a teoria das pulsões, como sua importante "Ein Beitrag zum Narzissmus" ["Uma contribuição sobre o narcisismo"],[28] todos eles publicados na principal revista psicanalítica em circulação na época, o *Jahrbuch für psychoanalytische und psychopathologische Forschung* [*Anuário de pesquisas psicopatológicas e psicanalíticas*]. Somam-se a tudo isso mais de dez resenhas de textos publicadas em periódicos especializados, uma produção que denota grande engajamento de Rank com a causa psicanalítica.

Como se não bastasse, assumirá ainda em 1912, em parceria com o jurista Hanns Sachs, a edição da recém-fundada revista *Imago*, uma publicação bimestral dedicada à aplicação da psicanálise às ciências humanas. Nem por isso seu ritmo de trabalho irá diminuir. No ano seguinte, publicará com Sachs uma importante obra metodológica sobre psicanálise aplicada, intitulada *Die Bedeutung der Psychoanalyse für die Geisteswissenschaften* [*A significação da psicanálise para as ciências humanas*].[29]

* * *

---

27 Rank, O. (1912). Die Symbolschichtung im Wecktraum und ihre Wiederkehr im mythischen Denken, *Jahrbuch für psychoanalytische und psychopathologische Forschung*, 4(1), pp. 51-115.

28 Rank, O. (1911). Ein Beitrag zum Narzissmus, *Jahrbuch für psychoanalytische und psychopathologische Forschung*, 3(1), pp. 401-426. Traduzido por nós em: Rank, O. (1911/2016). Sobre o narcisismo, uma tradução (C. Padovan; N. Müller, trad.). *Lacuna: uma revista de psicanálise*, 2, p. 2.

29 Rank, O. Sachs, H. (1913). *Die Bedeutung der Psychoanalyse für die Geisteswissenschaften*. Wiesbaden: J. F. Bergmann.

A outra interpretação dos sonhos

Será nesse contexto que Otto Rank, então doutor em Filosofia e Letras pela Universidade de Viena, passará a assinar com Freud a quarta edição da obra *A interpretação dos sonhos*, publicada em 1914. Logo em sua capa, encontramos a seguinte menção: *vierte vermehrte Auflage mit Beiträgen von Dr. Otto Rank*, "quarta edição ampliada, com contribuições do dr. Otto Rank". A mesma menção se encontra na edição seguinte, de 1919, e a referência às contribuições de Rank será mantida até a sétima edição da obra de Freud, publicada em 1922. Na oitava, de 1930, aquela que serve de base para a maior parte das traduções contemporâneas do livro, a menção será retirada, assim como as contribuições propriamente ditas de Otto Rank à obra fundadora da psicanálise. As causas dessa supressão parecem estar ligadas mais a questões políticas e relacionais do que verdadeiramente epistêmicas. Foi a ruptura de Rank com o movimento psicanalítico — e do próprio movimento psicanalítico com Rank — que conduziu os editores de *A interpretação dos sonhos* a realizar uma operação cirúrgica, procurando extirpar da obra quase todos os traços de sua participação. Mas antes de tecer alguns comentários a esse respeito, poderíamos nos perguntar: o que de Rank teria permanecido em Freud após esses mais de quinze anos de colaboração editorial?

Como comentado anteriormente, uma primeira participação de Rank já se encontra na segunda edição da obra, publicada em 1909. Trata-se da passagem sobre Schiller. Uma segunda referência será feita por Freud ao livro sobre o mito do nascimento do herói, publicado naquele mesmo ano, no qual, aliás, figuram seus parágrafos sobre o romance familiar do neurótico. Na terceira edição, de 1911, Freud fará um agradecimento em seu prefácio, dizendo ser "muito grato" ao sr. Otto Rank, que "prestou um precioso serviço na escolha dos complementos à obra e se ocupou sozinho da revisão das provas".[30] Além disso, diversas referências textuais a Rank aparecerão no texto, incluindo uma tradução e uma série de passagens extraídas de seus trabalhos.[31] Chamamos atenção para uma dessas referências, que se encontra no quarto capítulo da obra, dedicado às deformações oníricas. Dela, Freud reconhece a contribuição do jovem Otto em um de seus artigos, "Ein Traum, der sich selbst deutet" ["Um sonho que se interpreta a si mesmo"], para ampliação da fórmula básica, "o sonho é a realização (disfarçada) de um desejo (reprimido, recalcado)".[32] No lugar dela, Rank propõe a seguinte fórmula alternativa, que será prontamente acatada por Freud: "O sonho apresenta normalmente como realizados, na base e com a ajuda de

---

30 Freud, S. ([1899]1900/1911). *Die Traumdeutung* [A interpretação dos sonhos] (3a ed.). Leipzig/Wien: Franz Deuticke, p. IX.

31 A presença de Rank não é pequena já a partir da terceira edição da obra, mas seria demasiado enfadonho indicar aqui cada um dessas passagens. Na bibliografia que se encontra ao final da obra, relativa às contribuições psicanalíticas à teoria dos sonhos, encontramos cinco artigos de sua autoria. Para além daqueles três citados por nós há pouco, constam: Rank, O. (1911). Zum Thema der Zahnreizträume [Sobre o tema dos sonhos de irritação dentária], *Zentralblatt für Psychoanalyse, 1*(9), pp. 408-411 e Rank, O. (1911). Das Verlieren als Symptomhandlung: Zugleich ein Beitrag zum Verständnis der Beziehungen des Traumlebens zu den Fehlleistungen des Alltagslebens [Perder como ato sintomático, ou: uma contribuição sobre a compreensão das relações entre vida onírica e lapsos da vida cotidiana], *Zentralblatt für Psychoanalyse, 1*(10-11), pp. 450-460.

32 Freud, S. ([1899]1900/1911). *Die Traumdeutung* [A interpretação dos sonhos] (3a ed.). Leipzig/Wien: Franz Deuticke, p. 117.

material sexual infantil recalcado, desejos atuais e, em geral, também eróticos, de forma mascarada e com roupagem simbólica".[33] Não estamos aqui diante de qualquer modificação ou ampliação de um conceito ou noção, mas da definição de um importante princípio metodológico para a obra de Freud.

A quarta edição de *A interpretação dos sonhos*, de 1914, será aquela que contemplará os dois ensaios traduzidos para o português neste volume: "Sonho e poesia" e "Sonho e mito", publicados como apêndices ao sexto capítulo da obra de Freud.[34] Mas essas não serão as únicas contribuições de Rank à edição. Além da revisão das provas, mencionadas em prefácio, uma aprofundada revisão de literatura sobre a questão dos sonhos será incluída no que seria o oitavo capítulo de *A interpretação dos sonhos*, uma bibliografia com letras miúdas que ultrapassa as quinze páginas.[35] Essa seção será divida em duas partes: a primeira indicando trabalhos sobre os sonhos antes de 1900; a segunda, sobre os trabalhos publicados até 1913. É mais uma vez impressionante constatar que, desde 1912, o jovem Otto publicaria mais uma vintena de artigos em revistas

---

33 Freud, S. ([1899]1900/1911). *Die Traumdeutung* [A interpretação dos sonhos] (3a ed.). Leipzig/Wien: Franz Deuticke, p. 117, nota.

34 Freud, S. ([1899]1900/1914). *Die Traumdeutung* [A interpretação dos sonhos] (4a ed.). Leipzig/Wien: Franz Deuticke.

35 Cf. as referências bibliográficas em: Freud, S. ([1899]1900/1914). *Die Traumdeutung* [A interpretação dos sonhos] (4a ed.). Leipzig/Wien: Franz Deuticke, pp. 482-498. Uma análise mais abrangente das contribuições psicanalíticas à teoria dos sonhos será publicada em: Rank, O. (1914). Traumdeutung [Interpretação dos sonhos], *Jahrbuch für psychoanalytische und psychopathologische Forschung*, 6(1), pp. 272-282.

especializadas de psicanálise, entre eles, seu longo trabalho "Der Doppelgänger" ["O duplo"],[36] que, na esteira do artigo inaugural de Isidor Sadger sobre o assunto,[37] dará continuidade às reflexões feitas em seu texto de 1911 a respeito do narcisismo.

Tanto os dois ensaios de Rank quanto sua revisão de literatura irão evoluir nas edições seguintes de *A interpretação dos sonhos* de Freud. A versão final desses trabalhos data de 1922, ano de publicação da sétima edição da obra.[38]

* * *

Será ao longo dos anos 1920 que as relações entre Freud e Rank e entre este e o movimento psicanalítico irão se encaminhar para a ruptura. Um dos eventos responsáveis por catalisar esse divórcio será a publicação, em 1924, da obra *O trauma do nascimento*.[39] O livro, inicialmente bem acolhido por Freud, logo se fará objeto de diversas críticas por parte de outros psicanalistas bastante influentes, como Ernest Jones e Karl Abraham. Em uma carta enviada a Freud, em 28 de

---

36 Rank, O. (1914). Der Doppelgänger, *Imago*, 3(2), pp. 97-164.

37 Sadger, I. (1908). Psychiatrisch-Neurologisches in psychoanalyticher Beleuchtung [Questões psiquiátrico-neurológicas à luz da psicanálise], *Zentralblatt für das Gesamtgebiet der Medizin und Ihrer Hilfswissenschaften (medico-technologisches Journal)*, 4(7), pp. 45-47; (8), pp. 53-57.

38 Freud, S. ([1899]1900/1922). *Die Traumdeutung* [A interpretação dos sonhos] (7a ed.). Leipzig/Wien: Franz Deuticke, 478 p.

39 Rank, O. (1924). *Das Trauma der Geburt und seine Bedeutung für die Psychoanalyse*. Leipzig/Wien/Zurich: Internationaler Psychoanalytischer Verlag. Em português brasileiro: Rank, O. (1924/2016). *O trauma do nascimento e seu significado para a psicanálise* (É. G. de Castro, trad.). São Paulo: Cienbook.

fevereiro de 1924, Abraham dirá que a obra de Rank constitui uma "regressão científica",[40] assim como seu livro publicado no mesmo ano em coautoria com Sándor Ferenczi, *Metas para o desenvolvimento da psicanálise*.[41]

Quase duas semanas antes, em carta datada do dia 15 de fevereiro, Freud já havia mencionado que, "para a sua grande surpresa", essas duas obras suscitaram uma "desagradável agitação" nos círculos berlinenses. Na sequência, pondera dizendo que "um total acordo a respeito das minúcias de cada uma das questões científicas e cada novo tema abordado é absolutamente impossível, e até mesmo indesejável", e que "a única condição para uma colaboração frutífera é que ninguém abandone o solo comum dos pressupostos psicanalíticos". Ora, o que dirá Abraham em resposta é que as recentes publicações de Rank, e mesmo de Ferenczi, constituem uma "repetição do caso Jung", representando uma "recusa da psicanálise" e um "desvio da metodologia psicanalítica".[42]

---

40 Falzeder, E. & Hermanns, L. M. (2009). *Sigmund Freud/Karl Abraham Briefwechsel 1907-1925* (Vol. 2). Wien: Turia + Kant, p. 737.

41 Ferenczi, S.; Rank, O. (1924). *Entwicklungsziele der Psychoanalyse. Zur Wechselbeziehung von Theorie und Praxis*. Leipzig/Wien/Zürich: Internationaler Psychoanalytischer Verlag. Uma tradução brasileira dessa obra foi recentemente publicada em: Ferenczi, S.; Rank, O. (1924/2022). *Metas do desenvolvimento da psicanálise: sobre a interação da teoria e da prática* (A. Carone, trad.). São Paulo: Quina.

42 A carta de 15 de fevereiro, uma circular do Comitê Secreto, não consta na edição alemã da correspondência Freud/Abraham. Sua versão datilografada pode ser encontrada em: www.loc.gov/resource/mss39990.01502/?sp=67. Em inglês: Falzeder, E. (2002). *The complete correspondence of Sigmund Freud and Karl Abraham 1907-1925* (C. Schwarzacher, trad.). London / New York: Karnac, pp. 997-998.

A posição de Freud parece mudar ainda na primeira metade do ano de 1924, como testemunha seu comentário a respeito da obra de Rank no artigo "O declínio do complexo de Édipo".[43] Nesse trabalho, o psicanalista colocará em questão as conclusões de Otto Rank, sugerindo que a hipótese da origem da angústia no nascimento seria incompatível com aquela até então sustentada pelo movimento psicanalítico. As contribuições de Rank haviam sido resumidas em uma carta enviada por ele a Freud no dia 15 de fevereiro de 1924, na qual afirma que a relação mãe-bebê ocupa um lugar de destaque no desenvolvimento individual, suplantando o Complexo de Édipo em importância, e que o tratamento psicanalítico deverá se concentrar na análise dos subprodutos traumáticos dessa relação.[44] Dois anos mais tarde, em *Inibição, sintoma e angústia*,[45] Freud irá se posicionar de maneira mais categórica,

---

Para a resposta de Abraham, cf.: Falzeder, E. & Hermanns, L. M. (2009). Sigmund Freud/Karl Abraham Briefwechsel 1907-1925 (Vol. 2). Wien: Turia + Kant, p. 737.

43 Freud, S. (1924). Der Untergang des Ödipuskomplexes, *Internationale Zeitschrift für Psychoanalyse*, *10*(3), pp. 245-252. Em português brasileiro: Freud, S. (1924/2011). A dissolução do complexo de Édipo. In *O eu e o id, "autobiografia" e outros textos* (Obras completas, Vol. 16) (pp. 203-213, P. C. de Souza, trad.). São Paulo: Companhia das Letras.

44 Avrane, P. (2015). *Sigmund Freud-Otto Rank: Correspondance 1907-1926* [Correspondência de Sigmund Freud e Otto Rank, 1907-1926] (S. Achache-Wiznitzer, J. Dupont et al., trad.). Paris: Campagne Première, p. 316.

45 Freud, S. (1926). *Hemmung, Symptom und Angst*. Leipzig/Wien/Zürich: Internationaler Psychoanalytischer Verlag. Em português brasileiro: Freud, S. (1926/2014). Inibição, sintoma e angústia. In *Inibição, sintoma e angústia, o futuro de uma ilusão e outros textos* (Obras completas, Vol. 17) (pp. 13-123, P. C. de Souza, trad.). São Paulo: Companhia das Letras.

A outra interpretação dos sonhos

dizendo ser o livro sobre o trauma do nascimento uma obra malsucedida.

As tensões tornando-se insustentáveis, o chamado Comitê Secreto, formado por Freud e seus colaboradores mais próximos, que incluía Rank e Ferenczi, será dissolvido ainda no início de 1924. No Congresso Internacional de Psicanálise realizado no mês de abril desse mesmo ano, em Salzburgo, Abraham será eleito presidente da Associação Psicanalítica Internacional. Logo na sequência, Rank fará sua primeira viagem aos Estados Unidos,[46] onde será muito bem recebido em um primeiro momento, constituindo rapidamente uma grande clientela. Ferenczi será convidado a se juntar a Rank no novo continente; mas, apesar do entusiasmo inicial, será dissuadido por seus colegas. Sua relação com Freud e com o movimento psicanalítico começa a se tornar cada vez menos amistosa, como será muito bem documentado por James Lieberman, em seu *Acts of Will: The Life and Work of Otto Rank* [*Atos de vontade: vida e obra de Otto Rank*],[47] talvez a mais completa biografia de Rank, publicada nos anos 1980.

---

46 Rank fará uma série de viagens aos Estados Unidos a partir de 1924. Suas conferências, realizadas em inglês, foram reunidas e publicadas no final do século passado, em um volume editado por Robert Kramer. Cf. Kramer, R. (1996). *Otto Rank. A Psychology of Difference: The American Lectures* [Otto Rank: uma psicologia da diferença — conferências americanas]. Princeton: Princeton University Press.

47 Foi consultada a edição francesa: Lieberman, E. J. (1991). *La volonté en acte: la vie et l'œuvre d'Otto Rank* (A. Weill, trad.). Paris: Presses universitaires de France. Ver em especial os capítulos oitavo, nono e décimo dessa obra. A esse respeito, citamos ainda aqui a biografia de Rank escrita por Jassie Taft, testemunha ocular desses eventos. Cf. Taft, J. (1958). *Otto Rank: a biographical study based on notebooks, letters, collected writings, therapeutic achievements and personal associations*

Esse gradativo afastamento coincidirá com a crescente independência intelectual do não mais tão jovem Otto, que já contava com quase 40 anos. Uma última visita a Freud será feita no dia 12 de abril de 1926. Na ocasião, Rank oferecerá ao professor uma versão de luxo das obras completas de Nietzsche. No dia seguinte, Freud escreverá a Max Eitingon dizendo que seu protegido veio até ele para se despedir definitivamente. "*Resquiescat*", dirá o psicanalista — evocando a expressão latina *resquiescat in pace* [descanse em paz] —, acrescentando que talvez esse momento de paz "demore a chegar".[48]

No dia 23 de abril, Freud escreverá a Ferenczi, afirmando que as hipóteses teóricas de Rank coincidiriam com um "precipitado de sua própria neurose".[49] Na sequência, dirá não esperar de seu antigo colaborador qualquer "gratidão", afirmando que, se o movimento havia feito muito por Otto, este também, em retorno, muito havia feito pela causa psicanalítica,

---

[Otto Rank: um estudo biográfico baseado em notas, cartas, escritos reunidos, realizações terapêuticas e associações pessoais]. New York: The Julian Press. Ver também as seguintes publicações recentes: Lieberman, E. J.; Kramer, R. (2012). *The letters of Sigmund Freud & Otto Rank: inside psychoanalysis* [As cartas de Sigmund Freud e Otto Rank: por dentro da psicanálise]. Baltimore: Johns Hopkins University Press; Prado de Oliveira, L. E. (2014). *L'invention de la psychanalyse: Freud, Rank, Ferenczi* [A invenção da psicanálise: Freud, Rank, Ferenczi]. Paris: Campagne première.

48 Carta enviada a Eitingon no dia 13 de abril de 1926. Cf. Schröter, M. (2009). *Sigmund Freud/Max Eitingon. Correspondance 1906-1939* [Correspondência de Sigmund Freud e Max Eitingon, 1906-1939]. Paris: Hachette.

49 Falzeder, E.; Brabant, E. (2005). *Sigmund Freud, Sándor Ferenczi. Briefwechsel: 1925-1933* (Vol. 3/2) [Correspondência entre Sigmund Freud e Sándor Ferenczi: 1925-1933]. Wien/Köln/Weimar: Böhlau, p. 87.

A outra interpretação dos sonhos

de modo que, nessas condições, estariam "quites". Freud conclui dizendo não ter encontrado motivos para expressar qualquer forma de "ternura" durante a visita de despedida, tendo assumido uma postura "franca e dura". Por fim, afirma ser o caso de riscá-lo da lista ou, nas palavras do velho psicanalista, "fazer sobre ele uma cruz", como um *resquiescat* sem perspectiva de paz.

Resultado ou não de uma "crise patológica intempestiva", como dirá Freud, Rank deixará Viena em 1926 para se estabelecer em Paris e, na sequência, nos Estados Unidos. Em 1929, sua obra sobre o trauma do nascimento será publicada em inglês, e Rank se tornará uma celebridade nos círculos novaiorquinos. Suas inovações técnicas, baseadas em um emprego particular da chamada técnica ativa, inicialmente proposta por Ferenczi, prometem abreviar a duração das análises. Elas colocam a relação terapêutica no centro do trabalho psicanalítico, permitindo, segundo o autor, um acesso mais rápido ao núcleo do sintoma e uma intervenção mais eficaz sobre a neurose pela via da transferência. Como sugere Robert Kramer, a psicanálise de Otto Rank se encontra na origem da dita "abordagem centrada na pessoa", que será mais tarde desenvolvida por Carl Rogers nos Estados Unidos.[50]

Mas mesmo no novo mundo, afeito às inovações, as divergências teóricas e técnicas de Rank não passarão incólumes. Em 1930, em meio a uma conferência, Abraham Brill

---

50 A esse respeito, cf. Kramer, R. (2019). *The birth of relationship therapy: Carl Rogers meets Otto Rank* [O nascimento da psicoterapia de relação: Carl Rogers encontra Otto Rank]. Gießen: Psychosozial-Verlag.

— psicanalista vienense há muito estabelecido nos Estados Unidos e presidente da associação na época — afirmará que as ideias de Rank eram produto de suas perturbações mentais, riscando seu nome da Associação Americana de Psicanálise (APA). Feito isso, todos os candidatos que havia realizado sua análise com Otto Rank deveriam ou deixar aquele grupo ou então retomar sua análise pessoal com um profissional reconhecido pela APA.

Será a partir desse momento que Rank se afastará definitivamente do movimento psicanalítico, passando a conhecer uma forma de ostracismo que parece perdurar até nossos dias. Como mencionado, seus apêndices à obra de Freud sobre os sonhos serão retirados da oitava edição e seus textos deixarão de ser citados pela comunidade psicanalítica internacional.

* * *

Esperamos com este comentário, escrito à guisa de prefácio ao presente volume, ter podido não apenas despertar a curiosidade do leitor, mas também contribuir para a solução de mal- -entendidos persistentes na história da psicanálise. Quanto à tradução propriamente dita, acreditamos que a publicação desses dois textos, "Sonho e poesia" e "Sonho e mito" — que por anos habitaram a obra fundamental de Freud — possa operar como um bom expediente contra as respostas fáceis e os preconceitos bobos em psicanálise. Com ela, reabilitamos a dignidade intelectual de mais um excomungado da psicanálise, encorajando em grande estilo a diversidade e a pluralidade de vozes no seio da disciplina psicanalítica.

A outra interpretação dos sonhos

Sonho e poesia

Traum und Dichtung (1914)

OTTO RANK (1884-1939) foi sobretudo um homem das letras. Tornando-se pupilo de Sigmund Freud aos 21 anos de idade, contribuiu enormemente para a construção da memória escrita da psicanálise nascente: seja por meio da efetuação de registros ensejados pelo movimento freudiano da época; seja pela atuação como diretor administrativo da editora psicanalítica; seja, no decorrer de vários anos, pela colaboração no diligente trabalho de atualização da obra-prima de Freud: aquela que resgatava, no fenômeno onírico, justamente a possibilidade de uma leitura — trabalho que rendeu a Rank a singular distinção de constar, junto com o nome de Freud, na capa de uma publicação sua. No entanto, não foi apenas em colaborações que a letra rankiana mostrou seu peso, e isso desde o início: cumpre lembrar, por exemplo, que sua pesquisa de doutorado, desenvolvida no campo da literatura, é considerada o primeiro trabalho acadêmico de bases psicanalíticas. Anos depois, porém, o peso dessa escrita pareceu desbalancear os pratos do freudismo: se numa carta a Sándor

Sonho e poesia

Ferenczi, redigida em 24 de março de 1924, Freud chegou a dizer que era nas pesquisas de Rank sobre o trauma do nascimento que residia "o maior progresso desde a descoberta da psicanálise", esse progresso seria mal recebido pelo círculo próximo, e depois pelo próprio Freud, como linhas que derivavam para longe do tinteiro — o que renderia a Rank, num segundo momento, a singular rasura no livro dos sonhos. Ironicamente, porém, foi o próprio Freud quem legou com sua pesquisa que a rasura é, por assim dizer, a *via regia* de uma leitura digna de seu nome.

Sonho e poesia[1]

"O que ao homem é insuspeito
Ou não refletido
No labirinto do peito à
Noite é alarido"[2]

— Johann Wolfgang von Goethe

Desde sempre os humanos perceberam que suas formações oníricas noturnas deixavam transparecer várias semelhanças com as criações da poesia, e tanto poetas quanto pensadores demonstraram predileção por investigar os indícios dessas

---

1 Texto originalmente publicado em Freud, S. ([1899]1900/1914). *Die Traum-deutung* [A interpretação dos sonhos] (4a ed. ampliada, com contribuições do dr. Otto Rank). Leipzig/Wien: Franz Deuticke, pp. 365-388. Traduzido a partir da 7a edição, que data de 1922 — a última em que se pode encontrá-lo na referida obra, como "Apêndice 1" ao capítulo "O trabalho onírico" (pp. 346-367). Cumpre notar que, em 1925, o texto passará a integrar o primeiro livro de Rank, *Der Künstler* [O artista], agora em sua 4a edição, ampliada com outras contribuições do autor acerca da psicanálise da criação poética. Em tempo: as imagens aqui presentes foram inseridas na edição brasileira.

2 Goethe, J. W. von (1789). An den Mond [À lua]. In *Goethes Schriften* (Vol. 8). Leipzig: G. J. Göschen, p. 154 [N.T.].

relações que emergem entre forma, conteúdo e efeito. Mesmo que não se tenham chegado a condensar[3] em um conhecimento, os vislumbres e noções que surgem a partir desses esforços são tão característicos da essência dos dois fenômenos comparados entre si, que uma orientação sobre esses pareceres é também digna de consideração científica. Haverá de ser do interesse do pesquisador do sonho sobretudo a estima e a compreensão que os conhecedores da alma conferiram ao enigma onírico; o modo como os poetas souberam utilizar nas obras o seu conhecimento sobre a vida onírica; e, por fim, conexões mais profundas que se dão parcialmente a conhecer entre as singulares aptidões poéticas da alma "adormecida" e da alma "inspirada".

Em primeiro lugar, o psicanalista notará com apreço que a intuição de pessoas engenhosas sempre atribuiu aos sonhos uma significação que bem pode contradizer o julgamento efetuado pela ciência oficial e pela maioria dos intelectuais, mas que, em compensação, pode recorrer a uma milenária e popular preconcepção sancionada, por fim, pela psicologia. A convicção de que na vida onírica estaria a chave para o conhecimento da alma humana, ou seja, para o conhecimento do humano em geral, é expressa de modo muito pronunciado

---

3 Cumpre notar que, em língua alemã, o radical *dicht*, presente no verbo *verdichten* [condensar], pode ser encontrado nos termos *Dichter* e *Gedicht* — respectivamente, "poeta" e "poema". Embora a hipótese etimológica hoje mais em voga localize origens distintas para *Dichtung* com o sentido de poética e *dicht* com o sentido de denso, defendendo que aquela provém do termo latino *dictare* e esta, do germânico *dīhte*, a similaridade fônica e suas consequências semânticas são dignas de nota [N.T.].

em várias ocasiões. É o que consta nos *Tagebüchern* [*Diários*] (agosto de 1838) de Hebbel:[4] "A alma humana é uma essência[5] maravilhosa, e o ponto central de todos os seus segredos é o sonho".[6] E o poeta Jean Paul,[7] que dedicou aos seus sonhos uma singular atenção e um cuidadoso estudo, diz:

> Na verdade, algumas cabeças nos instruiriam mais com seus sonhos que com seus pensamentos; muitos poetas poderiam deleitar-nos mais com seus sonhos reais do que com o que poetizam, assim como a mais rasa cabeça, tão logo levada a um manicômio, pode ser uma escola de profetas para os sábios universais.[8]

Noutro momento ele nota, complementando: "Admira-me, em especial, que o sonho não seja utilizado no estudo *dos processos de representação involuntários das crianças*, dos animais, *dos loucos* e até mesmo *dos poetas*, dos compositores e das mulheres".[9]

---

4 Friedrich Hebbel (1813-1863), poeta alemão cuja prosa de ficção completa foi publicada no Brasil pela editora Expressão Popular [N.T.].

5 Em alemão, *Wesen*, que optamos traduzir por "essência", seguindo os tradutores brasileiros de Ludwig Feuerbach [N.T.].

6 Hebbel, F. (1838/1905). *1835-1839* (R. M. Werner, org.) (Tagebücher, Vol. 1). Berlin: Behr, p. 264 [N.E.]

7 Jean Paul (1763-1825), pseudônimo de Johann Paul Friedrich Richter, foi um escritor do Romantismo alemão [N.T.].

8 Paul, J. (1814/1827). *Museum* [Museu] (E. Berend, org.) (Sämtliche Werke, Vol. 49). Berlin: Reimer, p. 172 [N.E.].

9 Paul, J. (1799). Über das Träumen [Sobre o sonhar]. In *Briefe und bevorstehender Lebenslauf* (E. Berend, org.) (Sämtliche Werke, Vol. 35). Berlin: Reimer, p. 68; grifos de O. Rank [N.E.].

Sonho e poesia

Ferdinand Kürnberger[10] avalia o sonho de modo semelhante:

> Na verdade, se os humanos estivessem mais concentrados em observar e interpretar as sutis indicações da natureza, a vida onírica chamaria sua atenção. Haveriam de descobrir que a natureza já nos sussurrou a primeira sílaba do grande enigma, de cuja solução estão sedentos.[11]

O espirituoso filósofo Lichtenberg,[12] ao qual devemos refinadas observações e considerações acerca do tema, certa vez escreveu:

> Mais uma vez recomendo os sonhos. Vivemos e sentimos tão bem em sonho quanto em vigília, e tanto um como a outra fazem parte de nossa existência. Pertence às prerrogativas do humano o fato de que ele sonha e sabe que sonha. Contudo, disso ainda não se fez o devido e justo uso. O sonho é uma vida que, combinada com a nossa, constitui o que denominamos vida humana. Os sonhos perdem-se gradualmente em nossa

---

10 Ferdinand Kürnberger (1821-1879) foi um dos mais influentes escritores austríacos do séc. XIX [N.T].

11 Kürnberger, F. (?/1892). Aus Liebe sterben [Morrer de amor]. In *Allgemeine Kunst-Chronik* (W. Lauser, org.) (Vol. 16). Wien: Verlag der "Allgemeinen Kunst--Chronik", p. 501 [N.E.].

12 Ao apresentar Georg Christoph Lichtenberg (1742-1799), André Breton sublinha a influência por ele exercida em filósofos como Kant, Schopenhauer e Nietzsche, e em escritores como Goethe e Tolstói. Cf. Breton, A. (1940). *Anthologie de l'humour noir* [Antologia do humor negro]. Paris: Gallimard [N.T.].

vigília adentro e não se pode dizer onde termina um e começa a outra.[13]

E Nietzsche, que temos de reconhecer como precursor direto da psicanálise também nessa área, conhece *relações semelhantes entre o sonho e a vida de vigília*:[14]

> Aquilo que vivemos no sonho, e que nele vivemos repetidas vezes, termina por pertencer à economia global de nossa alma tanto quanto algo "realmente" vivido: em virtude disso, tornamo-nos mais ricos ou mais pobres, temos uma necessidade a mais ou a menos, e afinal somos um pouco guiados pelos hábitos de nossos sonhos, em plena luz do dia e até nos momentos mais serenos do nosso espírito desperto.[15]

O parágrafo seguinte, de *Aurora*, mostra como Nietzsche não retrocedia diante das consequências de sua concepção:

> Em tudo vocês querem ser responsáveis! Mas não pelos seus sonhos! Que miserável fraqueza, que falta de coragem consequente! Nada é mais seu do que seus

---

13 Lichtenberg, G. C. (1777/1844). Psychologische Bemerkungen [Observações psicológicas]. In *Vermischte Schriften* (Vol. 1). Göttingen: Verlag Dieterichsche Buchhandlung, p. 117 [N.E.].

14 Cf. Freud, S. ([1899]1900/2019). A relação do sonho com a vida de vigília. In *A interpretação dos sonhos* (P. C. de Souza, trad.) (Obras completas, Vol. 4). São Paulo: Companhia das Letras, pp. 31-ss.

15 Nietzsche, F. (1886/2005). *Além do bem e do mal: prelúdio a uma filosofia do futuro*. (2a ed., P. C. de Souza, trad.). São Paulo: Companhia das Letras, p. 81 [N.T.].

Sonho e poesia

sonhos! Nada é mais obra sua! Conteúdo, forma, duração, ator, espectador — nessas comédias, todos vocês são vocês mesmos! E justamente aí se envergonham e se amedrontam de si; e até Édipo, o sábio Édipo, extraiu consolo do pensamento de que nada podemos fazer em relação ao que sonhamos![16] Disso, concluo que *a grande maioria dos homens deve ter consciência de sonhos abomináveis*. Caso fosse diferente, o quanto não exploraríamos em favor da arrogância humana essa criação poética noturna![17]

Tolstói avalia o sonho de modo similar: "Quando estou acordado, bem posso enganar-me sobre mim mesmo; por outro lado, o sonho proporciona-me a justa medida do grau de perfeição moral que consegui alcançar".[18] E Lichtenberg julga: "se as pessoas contassem seus sonhos com sinceridade, o seu caráter revelar-se-ia melhor aí do que em seu rosto"[19].[20]

---

16 É um indicador da concepção que Nietzsche possui do complexo de Édipo o fato de que ele incorre em um erro duplo: não Édipo, mas a sua mãe busca consolo na falta de sentido dos sonhos. Édipo, porém, não se deixa consolar com isso.

17 Nietzsche, F. (1881/2016). *Aurora: reflexões sobre os pensamentos morais*. (P. C. de Souza, trad.). São Paulo: Companhia de Bolso, p. 90; trad. modificada, grifos de O. Rank [N.T.].

18 Tolstói, L. | Tolstoi, L. ([1905]1911). *Nachgelassene Aufzeichnungen des Mönches Fjodor Kusmitsch* [Memórias póstumas do monge Fiódor Kuzmitch]. In *Nachlaß* (Vol. 3) (A. Scholz; A. Stein, trad.). Berlin: J. Ladyschnikow, p. 297.

19 Lichtenberg, G. C. (1975-76/1967) *Schriften und Briefe* (W. Promies, org.) (Vol. 1). München: C. Hanser, p. 446 [N.E.].

20 Essa sentença nos remete tanto a um dos pequenos folhetos que os surrealistas distribuíram em Paris, em 1924 — no qual se lia a frase: "PAIS!, contem seus sonhos aos seus filhos" —, quanto às reflexões sobre o sonho elaboradas por

Há pouco tempo, Gerhart Hauptmann[21] expressou-se no mesmo sentido: "Ter investigado todos os diferentes tipos e graus dos sonhos significaria possuir o conhecimento da alma humana em um sentido mais profundo do que qualquer especialista atual".[22] Por fim, uma das entradas dos *Tagebüchern* [Diários] de Hebbel soa totalmente psicanalítica nos detalhes de suas indicações:

> se uma pessoa pudesse decidir-se a redigir *todos os seus sonhos, indistintamente, quaisquer que sejam, com fidelidade e detalhamento, adicionando um comentário que abarcasse aquilo que de tais sonhos talvez lhe fosse dado explicar com base em recordações de sua vida ou de suas leituras*, essa pessoa concederia um grande presente à humanidade. Mas da maneira como se encontra a humanidade hoje, ninguém jamais faria isso; tentá-lo em silêncio, levando-o em consideração, já seria de certo valor.[23]

Ailton Krenak em *Ideias para adiar o fim do mundo*, no qual o filósofo indígena afirma: "Você não conta seu sonho em uma praça, mas para as pessoas com quem tem uma relação. O que sugere também que o sonho é um lugar de veiculação de afetos". Cf. Krenak, A. (2019). *Ideias para adiar o fim do mundo*. São Paulo: Companhia das Letras, p. 24 [N.T.].

21 Gerhart Hauptmann (1862-1946) foi um romancista e dramaturgo alemão [N.T.].

22 Hauptmann, G. (1910). *Der Narr in Christo Emanuel Quint* [Emanuel Quint, o louco em Cristo]. Berlin: Fischer, pp. 168-169.

23 Hebbel, F. (1838/1905). *1835-1839* (R. M. Werner, org.) (Tagebücher, Vol. 1). Berlin: Behr, pp. 226-227; grifos de O. Rank — no original de Hebbel, apenas o termo "comentário" recebe destaque [N.E.].

Sonho e poesia

Mas os poetas não apenas reconhecem o significado da vida onírica para o conhecimento humano, como também sabem dizer, em detalhe, muita coisa interessante acerca da *essência do sonho*, o que com frequência coincide, de forma marcante, com os resultados obtidos pela investigação psicanalítica. O artifício — utilizado, desde sempre, pelos intérpretes e livros de sonhos — de adaptar a exegese onírica à profissão do sonhador é aludido repetidas vezes nas criações poéticas, com a indicação de que em geral os pensamentos do dia prosseguem na vida onírica[24]. A concepção de que cada indivíduo sonha conforme os seus interesses e inclinações é frequentemente expressa pelos poetas de forma aproximada ao *princípio de realização de desejo*.

Assim escreve Chaucer:

The wery hunter, sleping in his bed;

To wode ayein his minde goth a noon;

The juge dremeth how his plees ben sped

The carter dremeth how his cartes goon;

The riche of gold; the knight fight with his foon

The seke met he drinketh of the tonne;

---

24 A épica do alto-alemão médio, rica em sonhos, faz um uso particular dessa singularidade onírica, que o poeta romano Claudiano já conhecia: "Omnia quae sensu volvuntur vota diurno/ Pectore sopito reddit amica quies." [Tudo que os desejos revolviam nos sentidos durante o dia/ o descanso amigo trazia de volta ao peito adormecido] (Riese, A. & Bücheler, F. (1869). Claudiani – De eadem re. In *Anthologia latina* (Vol. 1, parte 2). Leipzig: Teubner, p. 105).

The lover met he hath his lady wonne.[25]

De modo similar, Shakespeare descreveu as ações da rainha Mab nos famosos versos de *Romeu e Julieta* (Ato I, Cena 4):

And in this state she gallops night by night

Through lovers' brains, and then they dream of love;

O'er courtiers' knees, that dream on court'sies straight,

O'er lawyers' fingers, who straight dream on fees,

O'er ladies' lips, who straight on kisses dream

[...]

Sometime she gallops o'er a courtier's nose,

And then dreams he of smelling out a suit;

And sometime comes she with a tithe-pig's tail

Tickling a parson's nose as a' lies asleep,

Then dreams, he of another benefice.[26]

---

25 Chaucer, G. (~1380). *The Parlement of Foules* [O parlamento das aves], ll. 99-105. ([N.T.]: Em português brasileiro: "Caçador cansado dormindo no leito/ Sua mente à floresta logo vai de volta;/ O juiz sonha como resolve seu pleito;/ O cocheiro sonha que guia a carroça;/ Rico, com ouro; ginete com coça/ O sonho do enfermo é beber da gamela,/ O sonho do amante, ganhar a donzela.")

26 "[...] Assim posta,/ noite após noite ela galopa pelo/ cérebro dos amantes que, então, sonham/ com coisas amorosas; pelos joelhos/ dos cortesãos, que com salamaleques/ a sonhar passam logo; pelos dedos/ dos advogados, que a sonhar começam/ com honorários; pelos belos lábios/ das jovens, que com beijos logo sonham/ [...]. Por cima do nariz de um palaciano/ por vezes ela corre, farejando/ logo ele, em sonhos, um processo gordo./ Com o rabinho enrolado de um pequeno/ leitão de dízimo, ela faz coceiras/ no nariz do vigário adormecido,/ que logo sonha com mais um presente." (Shakespeare, W. (1597/1956). *Romeu e Julieta*, (C. A. Nunes, trad.). São Paulo: Melhoramentos, p. 40) [N.T.].

Sonho e poesia

Raínha Mab [W. Say, a partir de A. E. Chalon, 1827]

Tomando um exemplo da poesia alemã, citamos alguns versos de Johann Peter Uz:[27]

Como seus sonhos, todos são:
Em sonho Anacreonte bebe;
Voa ao redor do Hélicon,
O poeta que rimas persegue.
A vós, mônadas, as teorias
Do ontólogo aficionado;
Com beijos sonham senhoritas:
Pois o que poder-lhes-ia
Ora ser mais estimado?[28]

A seguinte poesia erótica grega — compilada por Otto Kiefer — mostra-nos que, mesmo em épocas mais ingênuas, também não causavam vergonha as representações poéticas de satisfações oníricas manifestamente sexuais:

Modicamente curado:
A que a cidade inflama, Estenelaida, rameira de luxo,

---

27 Johann Peter Uz (1720-1796), poeta alemão influenciado pela tradição clássica e que propunha uma poesia alemã "anacreôntica". A tradução em redondilhas maiores que ora apresentamos baseia-se nas traduções dos versos anacreônticos propostas, no séc. XIX, por Antônio Feliciano Castilho [N.T.].

28 Cf. Winterstein, A. von (1912). Varia [Informações suplementares]. *Zentralblatt für Psychoanalyse, 2*(5), p. 192. ([N.E.]: Uz, J. P. (1755). Morpheus [Morfeu]. In *Lyrische und andere Gedichte* (Vol. 3). Anspach: Posch / Nürnberg: Fleischmann, p. 81.)

Sonho e poesia

A que pelo ouro de quantos a desejam se deixa levar,
Nua, durante toda a noite deitou-se comigo em sonhos,
Até à amável aurora, fazendo-me o jeito de graça.
Não mais implorarei à *bárbara*[29], ou a mim próprio de
[novo
Chorarei, agora que um sono assim me agracia.[30]

Como contrapartida ao poema anterior, citemos a farsa grega do sábio juiz "que ofereceu à cortesã a imagem espelhada do pagamento que ela exigia de um amante, o qual dela desfrutara em sonho"[31]. Possivelmente, também diz respeito a essa relação a fábula do belo e jovem Endimião, que, adormecido após a caça, recebia a visita amorosa de sua querida Selene, que lhe vinha com ternos abraços; e cujo pai, Zeus, atendeu aos pedidos concedendo-lhe eterno sono e juventude. Essa encantadora fantasia foi registrada por Wieland[32] em seu "Musarion" como um sonho de desejos eróticos:

[…] e se Endimião
(A quem Luna oferecia sonhos tão belos,

---

29 Provável referência a Afrodite [N.T.].

30 Kiefer, O. (1912/2018). *Epigramas de eróticos (Livro V) Antologia Grega* (C. A. Martins de Jesus, trad.). Coimbra: Imprensa da Universidade de Coimbra, p. 25; trad. modificada [N.T.].

31 Leyen, F. von der (1911). *Das Märchen: ein Versuch* [O conto maravilhoso: um ensaio]. Leipzig: Quelle & Meyer, p. 98.

32 Christoph Martin Wieland (1733-1813), escritor alemão associado ao Iluminismo e precursor do Romantismo [N.T.].

Selene e Endimião [C. Josi, a partir de G. van Honthorst. 1791]

Para poder beijá-lo sem preocupação)
Sonhava por milhares de solares séculos
Fartando-se com Júpiter à divina mesa
E de suaves carícias cobrindo deusas,
[...]
Quem confessaria sem enrubescer
Que como Endimião gostaria de ser?[33]

Os poetas conhecem bem não somente a continuação das ideias diurnas direcionadas pelo desejo durante o sono, como também a segunda e mais importante *fonte dos sonhos que é a vida infantil*. Dryden[34] ("The Cock and the Fox" ["O galo e a raposa"]) diz o seguinte sobre o sonho:

Sometimes forgotten things long cast behind
Rush forward in the brain and come to mind.
The nurse's legends are for truth received
And the man dreams but what they boy believed.[35]

---

33 Wieland, Ch. M. (1768/1855). Musarion. In *Poetische Werke* (Sämtliche Werke, Vol. 3). Leipzig: Göschen, p. 20 [N.E.].

34 John Dryden (1631-1700), escritor inglês que teve importante atuação no período da Restauração inglesa [N.T.].

35 Dryden, J. (1700/2000). "The Cock and the Fox". In *Poems* (V. A. Dearing, org.) (The works of John Dryden, Vol. 7). Berkeley: University of California Press, p. 40. ([N.T.]: "Às vezes, coisa já tão esquecida/ À mente vêm, no cérebro se agita./ Verdade vira o conto da carocha/ O homem sonha, o infante desabrocha".)

Lenau[36] foi quem exaltou de modo mais belo, como um poder onírico consolatório e realizador de desejos, esse retorno do sonhador à terra da infância:

O sono nos leva com suave mão
Pra furtiva e mágica embarcação,
Ébrio, o timoneiro vai no comando
O oceano do sonho em roda singrando,
Destarte nós não estamos a sós,
Ondas tempestuosas juntam-se a nós,
Com pessoas várias, até com a tal
Que nos feriu no fundo ao ser hostil
E o peito fica, ao vê-la, tão bravio
Tocado pelo ódio, frio punhal
Delas apraz ao pensar desviar
Para mais o punhal não penetrar...
E outra vez nos leva o escoar das vagas
Aonde acordados não mais aportamos
Nas mais secretas baías passadas,
Morada dos anseios de idos anos.
Para quê? Ao acordar desvanecida,
A dita dói feito antiga ferida.

---

36 Nikolaus Lenau (1802-1850), pseudônimo de Nikolaus Franz Niembsch Edler von Strehlenau, foi um poeta austríaco do período Biedermeier próximo de Jean Paul e representante da "Weltschmerz" [dor do mundo] — visão de mundo melancólica e pessimista cultivada por vários românticos do século XIX [N.T.].

Sonho e poesia

Noite insone, você só é o tempo

Dessa solidão sem nenhum tormento![37]

E. T. A. Hoffmann, que dedicou grande atenção ao sonho e estados semelhantes, escreve em *Reflexões do gato Murr*:

Os primórdios do despertar da consciência nos permanecerão para sempre um mistério insondável! Se fosse possível reviver aquele instante novamente, o susto talvez nos matasse! Quem não sentiu o medo do primeiro momento depois de um sono profundo e inconsciente, ao ter de sentir-se a si mesmo, de tomar consciência de si mesmo. Para não me perder em digressões, gostaria de considerar ainda como as fortes impressões psíquicas impregnam na fase embrionária um gérmen que cresce e vai se desenvolvendo com novas faculdades morais. Assim, toda a dor e o prazer daquele instante seguem vivos em nós; e são, na verdade, as suaves e nostálgicas vozes do amor que, ao nos despertarem, dão-nos a impressão de ainda as ouvir em sonho, reverberando em nós.[38]

E Jean Paul procura fundamentar a regra onírica, expressa por Hebbel na fórmula "Todos os sonhos quiçá sejam só lembranças",[39] da seguinte maneira:

---

37 Lenau, N. (1836/1970). Schlaflose Nacht [Noite insone]. In *Sämtliche Werke und Briefe* (Vol. 1) Leipzig/Frankfurt, pp. 303-304; grifos de O. Rank.

38 Hoffmann, E. T. A. (1819-21/2013). *Reflexões do gato Murr*. (M. A. Barbosa, trad.). São Paulo: Estação Liberdade, p. 95; trad. modificada [N.T.].

39 Hebbel, F. (1841/1905). *1840-1844* (R. M. Werner, org.) (Tagebücher, Vol. 2). Berlin: Behr, p. 111 [N.E.]

Nosso mais longínquo passado, no qual posteriormente tanto imiscui-se, visita-nos e estimula a sonhar sonhos mais do que as lacunas da véspera.[40]

Segundo a bela observação de Herder,[41] o sonho sempre nos devolve aos tempos de juventude... Muito naturalmente, pois o estreito da juventude deixa os mais profundos rastros nos rochedos da memória, e porque um distante passado é mais frequente e mais profundamente encavado no espírito do que um futuro distante.[42]

Hebbel, no mínimo, suspeitou dessa aspiração ao infantil, base do problema da regressão:

Aqueles sonhos que nos apresentam algo totalmente novo, quiçá totalmente fantástico, são aos meus olhos muito menos significativos do que aqueles que matam todo o presente e até a mais silenciosa moção da memória, arrastando as pessoas de volta à prisão de uma condição há muito passada. Pois sobre os primeiros não atua senão a mesma faculdade sobre a qual repousa a arte e tudo o que dela se aproxima, em maior

---

40 Paul, J. (1814/1827). *Museum* [Museu] (E. Berend, org.) (Sämtliche Werke, Vol. 49). Berlin: Reimer, p. 207 [N.E.].

41 Johann Gottfried von Herder (1744-1803), de acordo com o Rüdiger Safranski, foi um dos fundadores do Romantismo [N.T.].

42 Paul, J. (1799/1827). Über das Träumen [Sobre o sonhar]. In *Briefe und bevorstehender Lebenslauf* (E. Berend, org.) (Sämtliche Werke, Vol. 35). Berlin: Reimer, p. 61 [N.E.].

Sonho e poesia

ou menor grau, e que se costuma denominar fantasia; enquanto sobre os segundos atua uma força singular e enigmática, a qual se furta ao próprio entendimento das pessoas e volta a encerrar a estátua no bloco de mármore em que fora esculpida.[43]

E Nietzsche também reconhece com clareza: "no sono e no sonho, repetimos a tarefa da humanidade primitiva. [...] nisso ele nos recorda uma humanidade antiga e pode nos ajudar a compreendê-la".[44]

É também gratificante ver como certos preconceitos tenazes, que obstruíam o caminho de qualquer conhecimento onírico mais profundo, foram transmutados em profundas compreensões graças à ousada concepção antitética dos poetas. Assim, Strindberg cita o ponto de vista dos teosofistas, segundo o qual as coisas mostram-se invertidas quando contempladas a partir de uma perspectiva astral, agregando a seguinte observação: "por isso devemos, com frequência, interpretar os sonhos *ao inverso*, como antífrase, e em Swedenborg[45] podemos encontrar uma alusão a essa pervertida maneira de

---

43 Hebbel, F. (1838/1905). *1835-1839* (R. M. Werner, org.) (Tagebücher, Vol. 1). Berlin: Behr, pp. 264-265.

44 Nietzsche, F. (1878/2005). *Humano, demasiado humano* (P. C. de Souza, trad.). São Paulo: Companhia das Letras, 2005, p. 24.

45 Emanuel Swedenborg (1688-1772), cientista e escritor sueco, célebre por seus estudos sobre questões espirituais e pelo "princípio das correspondências", que inspirou, entre outros, Charles Baudelaire [N.T.].

ver as coisas"[46]. Partindo daí, Hebbel explicou que a aparente ininteligibilidade das imagens oníricas dar-se-ia por não compreendermos a linguagem do sonho, apontando para sua composição a partir de elementos avulsos, comparáveis às letras:

> Sonhos dementes e loucos, que, no entanto, parecem-nos razoáveis durante o próprio sonho: a alma utiliza um alfabeto que ainda não compreende para compor figuras sem sentido, feito uma criança com as 24 letras; mas isso não quer dizer que esse alfabeto seja, em si e por si mesmo, sem sentido.[47]

Por sua vez, a concepção do sonho como *guardião do sono*, aparentemente tão contraditória à sensação subjetiva ao despertar em consequência de um estímulo, já era defendida por Jean Paul: "Uma vez que o espírito sabe inventar, mesmo para ofensivas externas mais fortes, uma história onírica para motivar e tecer esses ataques, *o sonho prolonga o sono*"[48].

Também a antiquíssima — e, decerto, a mais profundamente enraizada — superstição sobre os poderes divinatórios do sonho foi, graças a Hebbel, reavaliada no verdadeiro sentido da palavra: "Os antigos queriam vaticinar a partir do sonho o que aconteceria com o homem. Era o inverso! O que

---

46 Strindberg, A. (1907-12/1920). *Das Buch der Liebe* [O livro do amor] (E. Schering, trad.). München/Leipzig: Müller, p. 210.

47 Hebbel, F. (1842/1905). *1840-1844* (R. M. Werner, org.) (Tagebücher, Vol. 2). Berlin: Behr, p. 312.

48 Paul, J. (1814/1827). *Museum* [Museu] (E. Berend, org.) (Sämtliche Werke, Vol. 49). Berlin: Reimer, p. 207; grifos de O. Rank [N.E.].

Sonho e poesia

pode ser vaticinado a partir do sonho é, muito mais, o que ele fará"[49]. Dito de outra forma:

> *O sonho como profeta.*
> Como o sonho poderia dizer-te o que acontecerá
> [contigo?
> Agora o que vais fazer, isso sim pode mostrar-te.[50]

Depois dessas amostras não nos espantaremos ao descobrir que indivíduos excepcionais, cuja vida espiritual serve em altíssimo grau à auto-observação e à autorrepresentação, chegaram a profundas conclusões a partir do entendimento do sonho. Ainda que a constatação das relações entre os restos diurnos e as reminiscências infantis sejam apenas uma descrição — ainda que perspicaz — dos conteúdos *manifestos* do sonho, algumas observações refinadas apontam para a ação de *fatores oníricos latentes* e suas respectivas dinâmicas das pulsões de vida. Quando Goethe diz a Eckermann[51] (12 de março de 1828) que "houve épocas em minha vida nas quais adormecia em prantos, mas em meus sonhos as mais doces figuras me vinham consolar e alegrar, fazendo com que no dia

---

49 Hebbel, F. (1850/1905). *1845-1854* (R. M. Werner, org.) (Tagebücher, Vol. 3). Berlin: Behr, p. 355 [N.E.].

50 Hebbel, F. (1845/1904). Der Traum als Prophet [O sonho como profeta]. In *Demetrius; Gedichte* (2a ed., R. M. Werner, org.) (Werke, Vol. 6). Berlin: Behr, p. 344 [N.T.].

51 Johann Peter Eckermann (1792-1854) foi um poeta alemão que se notabilizou como secretário de Goethe [N.T.].

seguinte eu me levantasse feliz e revigorado",[52] evidencia-se aí, junto ao aspecto do desejo, a *mudança de humor através da inversão afetiva* efetuada pelo trabalho onírico.

Algo muito semelhante é relatado por Gottfried Keller[53] em seu livro de sonhos: "Chama minha atenção que principalmente — a bem dizer, quase exclusivamente — em tempos de tristeza… tenho sonhos alegres e encantadores".[54]

A *tendência do sonho à realização de desejos* é claramente expressa no "Savonarola" de Lenau, em que a vítima sonha com as delícias do Paraíso após ter sofrido os martírios da tortura. Esse mesmo aspecto do sonho é conhecido por E. T. A. Hoffmann, que além disso acentua a origem das imagens oníricas consolatórias:

> Quando, como um homem pobre, miserável, fatigado e exaurido por um trabalho árduo, eu descansava à noite num catre duro, vinha então o sonho e, soprando minha escaldante testa com sussurros reconfortantes, despejava dentro em mim toda bem-aventurança de um feliz momento, em que podia pressentir o eterno

---

52 Eckermann, J. P. (1836/2016). *Conversações com Goethe nos últimos anos de sua vida 1823-1832.* (M. L. Frungillo, trad.). São Paulo: Editora Unesp, p. 622 [N.T.].

53 Gottfried Keller (1819-1890) foi um escritor suíço e doutor honoris causa pela Universidade de Zurique. Interessou-se pelos relatos de sonhos, anotando vários dos seus que, posteriormente, foram reunidos em *Das Tagebuch und das Traumbuch* [*O diário e o livro de sonhos*] (Klosterberg: Schwabe, 1942) [N.T.].

54 Cf. Baechtold, J. (1895). *Gottfried Kellers Leben, seine Briefe und Tagebücher* [A vida, as cartas e os diários de Gottfried Keller] (Vol. 1). Berlin: Hertz, p. 307.

poder das delícias do céu e cuja consciência repousava no fundo da minha alma.[55]

A convicção da existência de um conteúdo manifesto, com frequência oposto ao estímulo onírico, expressa anteriormente por Hoffmann, não rechaça as consequências externas de sua aplicação ao *sonho de medo*, que está relacionado com *moções eróticas reprimidas*. Assim, diz Zacharias Werner,[56] que se tornou asceta depois de uma vida dedicada aos prazeres:

> Regaço das sete colinas:
> De dia a volúpia amofina,
> De noite acompanha o horror![57]

O sonho de medo tido por uma garota é representado numa belíssima roupagem simbólica em um poema do *Des Knaben Wunderhorn* [*A trompa mágica do menino*]:[58]

---

55 Hoffmann, E. T. A. (org.) (1819/1984). Doge und Dogaresse [Doge e Dogaressa]. In *Die Serapionsbrüder. Gesammelte Erzählungen und Märchen* (Vol. 2). Berlin. G. Reimer, p. 430 [N.T.].

56 Zacharias Werner (1768-1823) foi um poeta, dramaturgo e padre alemão, cuja obra transitou do maravilhoso e do drama *noir* à crença fervorosa no poder da Igreja Católica Romana [N.T.].

57 Werner, Z. (1813/[n.d.]). Abschied von Rom [Adeus a Roma]. In *Sämmtliche Werke*. Grimma: Verlags-Comptoir, p. 84 [N.E.].

58 Cf. Winterstein, A. von (1912). Varia [Informações suplementares]. In *Zentralblatt für Psychoanalyse*, 2(10-11), p. 616 ([N.E.]: Cf. (1805-08/1905). *Des Knaben Wunderhorn. Alte deutsche Lieder* [A trompa mágica do menino: antigas canções alemãs] (3a ed., A. von Arnim e C. Brentano, org.). München: Müller.)

E depois de passar
O dia a me queixar,
Custoso segue sendo.
De noite, adormecendo,
Um sonho apavorante
Desperta-me adiante.

Dormindo vejo o vulto
Do que amo mais que tudo;
Pujante arco no braço,
Que atira flecha em maço,
Com que alçar-me deseja
Da vida que sobeja.

A um esgar tão terrível
Silêncio é impossível —
Em gritos me atiço:
"Menino, deixa disso,
Durmo, não há motivo
Pra usar armas comigo".

Num já mencionado trecho de Romeu e Julieta,[59] Shake-speare vincula diretamente ao ato sexual o sono opressivo associado ao sonho de medo:

---

59 Rank cita tanto a versão em inglês quanto a célebre tradução de Friedrich Schlegel e Ludwig Tieck. Optamos por apresentar a tradução de Carlos Alberto Nunes, pois esta segue mais de perto a tradução de Schlegel-Tieck [N.T.].

Sonho e poesia

This is the hag, when maids lie on their backs,

That presses them and learns them first to bear,

Making them women of good carriage.[60]

[Dies ist die Hexe, welche Mädchen drückt,

Die auf dem Rücken ruhn, und ihnen lehrt,

Als Weiber einst die Männer zu ertragen].[61]

Por fim, um poeta moderno, J. R. Becher,[62] foi o responsável por colocar diretamente em verso a concepção psicanalítica do sonho de medo:

Os desejos que às claras senti,

anseios que às claras saciar não pude,

viram medos se é noite aqui.

Ardem insãos

às minhas fugas vãs,

pois em chamas e em fogo arquejo,

na bem-amada é minha mãe quem vejo,

---

60 "Essa é a bruxa que, estando as raparigas/ de costas, faz pressão no peito delas,/ ensinando-as, assim, como mulheres,/ a aguentar todo o peso dos maridos". (Shakespeare, W. (1597/1956), *Romeu e Julieta*, (C. A. Nunes, trad.). São Paulo: Melhoramentos, p. 41) [N.T.].

61 Shakespeare, W. (1597/1849). *Romeo und Julia* [Romeo e Julieta] (A. Schlegel & L. Tieck, trad.). Berlin: Reimer, p. 34 [N.E.].

62 Johannes Robert Becher (1891-1958) foi um poeta expressionista alemão. Após a Segunda Grande Guerra, assume importantes cargos públicos, tornando-se em 1954 o primeiro Ministro da Cultura da Alemanha Oriental – DDR [N.T.].

e o meu pai nas presas de um cão rude...[63]

A concepção dinâmica indicada na teoria do medo, segundo a qual *o insatisfeito, o reprimido na vida anímica* busca impor-se em sonho, encontrou, com igual frequência, expressões tanto poéticas quanto científicas. No *Wallenstein*, de Schiller, a orgulhosa condessa Terzky está convencida de que a empreitada do general deve prosperar e sufoca todos os pressentimentos obscuros tão logo surjam: "Mas", queixa-se ela, "se os combato acordada, assaltam-me o temeroso coração em sonhos sombrios".[64] Algo semelhante é expresso nos famosos versos de Grillparzer,[65]

Do que oprime o peito às claras,

mas leal a boca encerra,

o sono arrebenta amarras

e nos sonhos persevera[66]

---

63 O dístico "Sie glühen Wahn,/ den ich nicht fliehen kann" ["Ardem insãos/ às minhas fugas vãs"] não consta na versão do poema publicada em Becher, J. R. (1914). De profundis, X [Das profundezas, X]. In *Verfall und Triumph* (Vol. 1). Berlin: Hyperionverlag, p. 79 [N.T.].

64 Schiller, F. (1800/1867). Walleinstein: ein dramatisches Gedicht [Walleinstein: um poema dramático]. In *Sämmtliche Werke* (Vol. 4). Leipzig: Reclam, p. 191 [N.E.].

65 Franz Grillparzer (1791-1872), escritor austríaco que se notabilizou como dramaturgo e que, após 1945, foi considerado poeta nacional austríaco [N.T.].

66 Grillparzer, F. (1823/1872). Melusina. In *Des Meeres und der liebe Wellen; Der Traum, ein Leben; Melusina* (3a ed., A. Sauer, org.) (Sämtliche Werke, Vol. 7). Stuttgart: Cotta, p. 295 [N.T.].

Sonho e poesia

complementados pelo poeta em outro momento, no sentido da teoria dos desejos:

> [...] Os sonhos
> Eles não criam desejos,
> Despertam os que já há;
> E o que foge ao sol nascente
> Esconde em ti qual semente.[67]

O mesmo é encontrado novamente na poesia de autores modernos próximos à psicanálise, como Arthur Schnitzler:[68]

> Pois sonhos são desejos sem coragem,
> Desejos safados, que a luz do dia
> espanta aos recantos da nossa alma,
> que só se atrevem a deixar à noite.[69]

ou Victor Hardung:[70]

---

67 Grillparzer, F. (1823/1893). Der Traum, ein Leben [O sonho, uma vida]. In *Des Meeres und der liebe Wellen; Der Traum, ein Leben; Melusina* (5a ed., A. Sauer, org.) (Sämtliche Werke, Vol. 7). Stuttgart: Cotta, p. 270 [N.T.].

68 Arthur Schnitzler (1862-1931), médico e escritor austríaco que Freud considerava seu duplo artístico. Cf. Freud, S. (1919/2021). *O incômodo* (P. S. de Souza Jr., trad.). São Paulo: Blucher, p. 110, nota 93 [N.T.].

69 Schnitzler, A. (1900/1912). Der Schleier der Beatrice [O véu de Beatriz.]. In *Gesammelte Werke* (Die Theaterstücke, Vol. 2). Berlin: Fischer, p. 162 [N.E.].

70 Victor Hardung (1861-1919), jornalista e escritor suíço alemão [N.T.].

[...] No sonho,

Que engendramos a partir do prazer secreto,

Do desejo, do medo, de anseios inconfessos,

A partir de vícios desconhecidos à luz do dia,

Que são os nossos próprios, ainda que os neguemos.[71]

Jean Paul e Hebbel externaram pensamentos semelhantes. Em "Mein Traum in der Neujahrs-Nacht 1849" ["O meu
sonho da noite de Ano-Novo de 1849"],[72] Hebbel escreve de
maneira bastante geral:

> [O sono] ajuda os elementos reprimidos da nature-
> za humana — ou melhor, da natureza em geral — a
> reivindicarem seus direitos [...] e se estes não se ade-
> quam à lei que nos rege durante a vigília, espedaçando
> nossos pesos e medidas habituais e bagunçando todos
> os nossos pontos de vista e modos de apreensão, isso
> acontece somente porque ele próprio é a expressão de
> uma lei muito superior.[73]

---

71 Cf. Stegmann, M. (1912). Varia [Informações suplementares]. *Zentralblatt für
Psychoanalyse*, 3(2), p. 98 ([N.T.]: Hardung, V. (1911). *Godiva*. Zürich: Bachmann-
-Gruner, p. 56).

72 Otto Rank refere-se a este escrito como "Silvesternachtstraum" ["Sonho da noite de São Silvestre"] [N.T.].

73 Cf. Hebbel, F. (1850/1904). Mein Traum in der Neujahrs-Nacht 1849 [Meu sonho na noite de Ano Novo de 1849]. In *Vermischte Schriften III, 1843–1851; Kri-
tische Arbeiten II* (2a ed., R. M. Werner, org.) (Werke, Vol. 11). Berlin: Behr, p. 319.

Jean Paul, por sua vez, referindo-se especialmente às moções associais, reprimidas por pessoas cultas mediante grande esforço, destaca:

> [...] o vasto reino espiritual das pulsões e inclinações emerge nos últimos instantes do sonho e apresenta-se densamente incorporado diante de nós. O sonho vai iluminando adentro e de maneira terrivelmente profunda o nosso curral de Epicuro e estábulo de Augias; à noite vemos os selvagens animais subterrâneos e lobos noturnos, que durante o dia a razão mantinha acorrentados, vagando livres.[74]

Contudo, temos de conceder a mais ampla antecipação intuitiva da doutrina onírica psicanalítica ao trecho "Vivenciar e inventar", no *Aurora* de Nietzsche,[75] em que o sonho é reconhecido como meio de satisfação pulsional alucinatória:

> Essa crueldade do acaso talvez saltasse aos olhos de maneira ainda mais viva se todas as pulsões fossem radicais como a *fome*, que não se satisfaz com *comida sonhada*; mas a maioria das pulsões, sobretudo as assim chamadas "morais", *fazem justamente isso* — se

---

74 Paul, J. (1799/1827). Über das Träumen [Sobre o sonhar]. In *Briefe und bevorstehender Lebenslauf* (E. Berend, org.) (Sämtliche Werke, Vol. 35). Berlin: Reimer, p. 66.

75 Nietzsche, F. (1881/2016). *Aurora: reflexões sobre os pensamentos morais*. (P. C. de Souza, trad.). São Paulo: Companhia de Bolso, pp. 86-87; trad. modificada [N.T.].

for permitida a minha conjectura *de que nossos sonhos têm precisamente o valor e o sentido de, até certo grau, compensar a casual ausência de "alimentação" durante o dia.*[76] [...] Tais criações (dos sonhos), que dão margem e desafogo às nossas pulsões [...] — cada qual terá à mão seus próprios exemplos mais notáveis — são interpretações de nossos estímulos nervosos durante o sono, interpretações *muito livres*, muito arbitrárias [...]. Se esse texto, que em geral pouco varia de uma noite para a outra, é comentado de maneira tão diversa; se a razão inventiva *imagina*, hoje e ontem, *causas* tão diversas para os mesmos estímulos nervosos: o motivo para isso está em que o *souffleur* [ponto de teatro] dessa razão foi hoje diferente do que foi ontem — uma outra *pulsão* quis satisfazer-se, ocupar-se, exercitar-se, reanimar-se, desafogar-se — ela estava em sua maré, ontem foi a vez de outra.[77]

Todas essas compreensões sobre a essência dos sonhos, que poderiam ser reunidas de modo a compor uma teoria onírica muito próxima da concepção psicanalítica acerca do assunto, na verdade são resíduos ocasionais do conhecimento intuitivo das almas, artisticamente representados pelo poeta em suas criações. Ele chegou a esse saber por um caminho que não é empírico, tampouco especulativo. O fato de até mesmo

---

76 A partir de "conjectura", Nietzsche destaca apenas o termo "compensar". Os demais grifos são de Rank [N.T.].

77 Esse ponto de vista demonstra a intrínseca sobredeterminação dos sonhos típicos.

Sonho e poesia

os sonhos encontrarem uma utilização prática nas obras poéticas revela somente a autenticidade e o caráter imediato da experiência do poeta, que correspondem inteiramente ao cálculo e à crítica descritos a seu respeito.

Sobretudo, chama-nos atenção a frequência com que desde sempre os poemas, tanto populares quanto artísticos, utilizaram o sonho a serviço da descrição de complicados estados da alma. São inúmeras as belas obras literárias — epopeias, romances, dramas e poemas — em que os sonhos intervêm significativamente nas ações e na vida anímica dos personagens: desde os poemas homéricos até a *Canção dos Nibelungos* e as epopeias artísticas de Milton,[78] Klopstock,[79] Wieland, Hebbel, Lenau etc. E isso para não falar dos romances nos quais, de acordo com determinadas tendências — como, por exemplo, o romance romântico amplamente difundido em nossa literatura —, os fenômenos oníricos encontram-se entre seus requisitos imprescindíveis. Sabe-se bem de que modo poetas como Tieck, E. T. A. Hoffmann e Jean Paul têm predileção por fazerem seus personagens sonhar e permitirem que esses sonhos influenciem o curso da ação de maneira decisiva. Até no drama pode ser encontrada, mesmo que de forma bem

---

78 John Milton (1608-1674) foi um poeta inglês, autor do poema épico *Paradise Lost* [*Paraíso perdido*] que aborda o tema da "queda do homem" [N.T.].

79 Friedrich Gottlieb Klopstock (1724-1803), poeta alemão, autor do poema épico *Der Messias* [*O messias*], com o qual abre caminho para os versos livres que posteriormente seriam escritos por Goethe e Hölderlin. Opondo-se ao culto da razão, é um dos precursores do irracionalismo alemão e da *Erlebnisdichtung* [poética da vivência] [N.T.].

Cremilda vê o falecido Siegfried em sonho [J. H. Füssli, c. 1805]

menos frequente e significativa, a utilização de sonhos, ainda que, por outro lado, a forma da peça de teatro seja a que melhor combina com a roupagem de toda a trama de um sonho, como nas famosas peças de Calderón,[80] Shakespeare (*The Taming of the Shrew* [*A megera domada*]), Holberg[81] (*Jeppe paa Bierget* [*Jeppe na colina*]), Grillparzer (*Schluck und Jau* [*Gole e Taí*]), Fulda[82] (*Schlaraffenland* [*País da Cocanha*]); e, em ainda maior medida, sobretudo as modernas criações poéticas sobre o sonho, não completamente independentes da investigação onírica científica, como demonstram as criações de Strindberg [*Ett drömspel* [*O sonho*]), Paul Apel[83] (*Hans Sonnenstößers Höllenfahrt* [*A descida de Juca Tropessol ao inferno*]),

---

80 Trata-se de Calderón de la Barca, P. (1635/2009) *A vida é sonho* (R. Pallottini, trad.). São Paulo: Hedra [N.E.]

81 Ludvig Holberg (1684-1754) foi um teólogo e humanista dinamarquês que se notabilizou tanto por suas obra dramatúrgica de teor cômico e satírico quanto pelo romance *Nicolai Klimii iter subterraneum* [*A viagem subterrânea de Niels Klim*] [N.T.].

82 Ludwig Fulda (1862-1939), dramaturgo alemão que abordou diversos temas sociais ao longo de sua obra. É autor de uma das mais populares traduções de *Cyrano de Bergerac* para o alemão. Judeu, ao tentar imigrar para os Estados Unidos e ter sua entrada negada em 1939, suicidou-se [N.T.].

83 Paul Apel (1872-1946) foi um escritor e dramaturgo alemão, autor da peça mencionada por Rank, que é designada com o epíteto de *Traumspiel* [peça onírica]. Tendo feito parte da Reichsverband Deutscher Schriftsteller [Liga Imperial Alemã de Escritores] fundada em 1933, suicidou-se em 1946 atirando-se do quarto andar do prédio onde era localizada a Comissão de Desnazificação alemã [N.T.].

Ferenc Molnár[84] (*A farkas* [*O lobo*]), Streicher[85] (*Traumland* [*Sonholândia*]), entre outros. Aliás, a roupagem onírica também é ocasionalmente utilizada com sucesso na poesia épica; por exemplo, em *A Christmas carol* [*Conto de Natal*], de Dickens, ou na obra *sui generis* do desenhista Alfred Kubin (*Die andere Seite* [*O outro lado*]), cuja significação psicanalítica foi demonstrada pelo Dr. Hanns Sachs (Viena).[86] Por fim, ocorre que na poesia lírica — que, no mais íntimo de sua essência, muito se aproxima do sonho — tais roupagens sempre foram muito estimadas. Especialmente os *Minne* e *Meistergesang*[87] regalaram-se com as imagens oníricas e exaltaram diretamente o sonho como realizador de desejos. Walther von der Vogelweide tem os mais belos poemas desse gênero, em relação aos quais Riklin já chamou atenção.[88] Os inúmeros poemas oníricos do

---

84 Ferenc Molnár (1878-1952), célebre escritor húngaro, é autor de uma vasta obra. No Brasil, um de seus romances mais conhecidos é *A Pál utcai fiúk* [*Os meninos da Rua Paulo*] [N.T.].

85 Gustav Streicher (1873-1915), dramaturgo austríaco, teve o início da carreira ligado a uma tendência literária popular e nacionalista, e posteriormente se deixaria influenciar pelos simbolistas. Foi amigo de Georg Trakl, hoje um dos mais conhecidos poetas da Áustria [N.T.].

86 Sachs, H. (1912). "Die andere Seite". Ein phantastischer Roman mit 52 Zeichnungen von Alfred Kubin ["O outro lado": um romance fantástico com 52 desenhos de Alfred Kubin]. *Imago: Zeitschrift für Anwendung der Psychoanalyse auf die Geisteswissenschaften*, 1(2), pp. 197-204.

87 Cantos trovadorescos alemães [N.T.].

88 Cf. Riklin, F. (1908). *Wunscherfüllung und Symbolik im Märchen* [Realização de desejos e simbolismo no conto maravilhoso]. Leipzig/Wien: Franz Deuticke, pp. 9-11 [N.E.].

velho Hans Sachs[89] exigem uma releitura à parte. Apenas a título de caracterização, citemos a aprazível apresentação de como o sonho de um feirante simula esplêndidos lucros numa quermesse de interior no exato momento em que um grupo de imbecis destrói e emporcalha tudo.[90] Ainda mais importante é mencionar também a lírica do Romantismo e das orientações que lhe são próximas: Heine,[91] Chamisso,[92] Mörike,[93]

---

89 Hans Sachs (1494-1576), amigo de Albrecht Dürer, foi um *Meistersänger* alemão, isto é, uma espécie de menestrel pertencente a uma guilda de poetas que, com suas mais de 6 mil composições, obteve bastante popularidade e foi reconhecido por, entre outros, Goethe e Wagner [N.T.].

90 Sobre outros poemas oníricos de Hans Sachs, cf. a bibliografia oferecida por Hampe; os inúmeros exemplos de sonhos na literatura épica reunidos por Nagele; para a lírica, em especial Klaiber; e uma interessante compilação em "Träume in Dichtungen" [Sonhos em poesias], na revista *Kunstwart*, *20*(4). ([N.E.]: Cf. respectivamente: Hampe, Th. (1896). Über Hans Sachsens Traumgedichte [Sobre os poemas oníricos de Hans Sachs]. *Zeitschrift für den deutschen Unterricht*, *10*(9), pp. 616-624; Nagele, A. (1889). *Der Traum in der epischen Dichtung* [O sonho na poesia épica]. Marburg/Drau: Kralik; Klaiber, Th. (1903). Traumdichtung [Poesia onírica]. *Monatsblätter für deutsche Literatur*, *8*, pp. 119-125; Weber, L. (1906). Träume in Dichtungen. *Der Kunstwart*, *20*(4), pp. 198-208.)

91 Heinrich Heine (1797-1856), poeta romântico alemão, é um dos escritores mais citados por Sigmund Freud. Desde o século XIX, obteve considerável sucesso no Brasil, tendo sido traduzido por, entre outros, Machado de Assis e Guilherme de Almeida [N.T.].

92 Adelbert von Chamisso (1781-1838) foi um dos mais notáveis representantes do Romantismo alemão. É o autor da misteriosa novela *Peter schlemihl wundersame geschichte*, que narra as desventuras de um personagem que vende a própria sombra. Cf. Chamisso, A. von (1813/2003). *A história maravilhosa de Peter Schlemihl* (Marcus V. Mazzari, trad.). São Paulo: Estação Liberdade [N.T.].

93 Eduard Mörike (1804-1875) foi um tradutor, pastor luterano e poeta do Romantismo alemão. Fez parte do que se convencionou denominar *Schwäbische Dichterschule* [escola suábia de poetas], reunida em torno de Ludwig Uhland e

Uhland,[94] Droste,[95] Keller, Hebbel, Byron ("The Dream" ["O sonho"]) e muitos outros produziram poemas oníricos; "Lethe" ["Lete"], de C. F. Meyer;[96] "Geburtsnachttraum" ["Sonho da noite do nascimento"], de Hebbel; a balada "Der Vater" ["O pai"], de Spitteler,[97] "Das Begräbnis" ["O enterro"], "Das Gastmahl" ["O banquete"] e similares, no *Des Knaben Wunderhorn* [*A trompa mágica do menino*], pertencem ao que de mais impressionante a lírica tem a nos oferecer.

É especialmente interessante para o psicanalista comprovar que os sonhos figurados como poesia ou em poesia sejam construídos de acordo com leis empiricamente verificadas e que se ofereçam à observação psicológica como sonhos efetivamente vividos. De fato, algumas regras foram deduzidas

---

Justinus Kerner. Seus poemas despertaram grande admiração no filósofo Ludwig Wittgenstein, que em carta a Bertrand Russell relaciona a beleza da obra de Mörike a Goethe [N.T.].

94 Ludwig Uhland (1787-1862), jurista, político e poeta do Romantismo alemão, é considerado um dos fundadores da germanística moderna, destacando-se também por suas coletâneas de canções e poemas populares alemães [N.T.].

95 Annette von Droste-Hülshoff (1797-1848) foi uma escritora e compositora alemã, considerada uma das mais importantes do século XIX e uma das primeiras romancistas de tendência realista da Alemanha [N.T.].

96 Conrad Ferdinand Meyer (1825-1898), escritor suíço de tendência realista, autor de romances históricos e obras cujo acento humorístico é bastante saliente [N.T.].

97 Carl Spitteler (1845-1924), escritor suíço, vencedor do prêmio Nobel de literatura em 1919, costuma ser classificado como realista e sofreu forte influência dos filósofos Arthur Schopenhauer e Friedrich Nietzsche. O título da revista *Imago*, fundada em 1912 por Hanns Sachs, Otto Rank e Sigmund Freud, foi inspirado no romance homônimo de Spitteler, que data de 1906 [N.T.].

Sonho e poesia

como um derivado da investigação filológica diretamente a partir do estudo de sonhos *poetizados*. Na épica popular francesa, Mentz[98] mostra "*como sonhos, sonhados por uma pessoa na mesma noite, sempre pertencem a um mesmo conjunto e representam um todo coerente*".[99] E Jaehde[100] é da opinião de que, nas baladas populares anglo-escocesas, nas quais os sonhos consistem em duas imagens consecutivas, "*a primeira alude de maneira simbólica e confusa àquilo que a segunda logo em seguida revela de maneira clara e explícita*".[101, 102] Como sabemos,[103] isso se relaciona especialmente com o *simbolismo*, meio de expressão poética correntemente utilizado pelo poeta. Assim, Ovídio descreveu de modo minucioso, na 5ª Elegia do Livro III dos *Amores*, um sonho no qual o calor é interpretado como o braseiro do amor, a vaca como a amada e o touro como o cobiçoso amante.[104] Outro simbolismo sexual igualmente

---

98 Richard Mentz (1865-?), filólogo alemão nascido em Rostock [N.T.].

99 Mentz, R. (1888). *Die Träume in den altfranzösischen Karls- und Artus-Epen* [Os sonhos nas épicas antigas francesas de Carlos e Arthur]. Marburg: Elwert, p. 45; grifos de O. Rank.

100 Não foi possível localizar informações biográficas sobre Walter Jaehde [N.T.].

101 Jaehde, W. (1905). *Religion, Schicksalsglaube, Vorahnungen, Träume, Geister und Rätsel in den englisch-schottischen Volksballaden* [Religião, crença no destino, pressentimentos, sonhos, espíritos e charadas nas baladas populares anglo-escocesas]. Halle: Kaemmerer, p. 46; grifos de O. Rank.

102 Rank parece ter se esquecido de transcrever uma locução adverbial, *bald darauf*, que traduzimos por "logo em seguida" [N.T.].

103 Cf. Freud, S. ([1899]1900/2019). *A interpretação dos sonhos* (P. C. de Souza, trad.) (Obras completas, Vol. 4). São Paulo: Companhia das Letras, p. 381.

104 Cf. Abraham, K. (1912). Eine Traumanalyse bei Ovid [Uma análise de sonho em Ovídio]. *Zentralblatt für Psychoanalyse, 2*(3), p. 160.

recorrente no estudo onírico é utilizado por Byron no Canto
VI de *Don Juan*, no qual o herói fantasiado de mulher divide a
cama com Dudu, que desperta com medo de um sonho sexual
figurado simbolicamente e orientado pelo mito do pecado original.[105] A descrição dos mistérios de Elêusis desenvolvida por
Goethe na sua XII elegia romana[106] citada a seguir demonstra
que, ocasionalmente, o significado de certos símbolos típicos
pode se tornar muito claro ao poeta:

> Assombrosos círculos de estranhas figuras confundiam
> O iniciado como se flutuasse em *sonho*, pois aqui
> Contorciam-se *cobras* pelo chão e passavam moças,
> *Coroadas de flores e espigas*, trazendo em mãos *cofres*
> [*fechados.*
> [...]
> Só após muitas provas, e muito inspecionar, lhe foi
> [revelado
> O que estranhamente o sagrado círculo ocultava em
> [imagens.
> E qual era *o segredo, senão o fato de que Deméter,*
> [*a Grande,*

---

105 Cf. Rosenstein, G. (1912). Zum Thema "Traumdeutung": Aus Byron's "Don
Juan". Don Juan, als Frau verkleidet, muss im Frauengemache das Lager der Dudu
teilen, die, wie alle anderen, von dem wirklichen Geschlechte Don Juans nichts
weiss [Sobre o tema da "interpretação dos sonhos": Do "Don Juan" de Byron. Don
Juan, disfarçado de mulher, deve compartilhar o acampamento de Dudu, que,
como todos os outros, nada sabe sobre o verdadeiro gênero de Don Juan]. *Zentralblatt für Psychoanalyse, 2*(3), p. 161.

106 Cf. Winterstein, A. von (1912). Varia [Informações suplementares]. *Zentralblatt für Psychoanalyse, 2*(5), pp. 291-ss.

Sonho e poesia

Certa vez, de bom grado, a um herói entregou-se
Quando cedeu ao nobre Iásion, o vigoroso rei dos
[cretenses,
O *pulcro segredo* de seu corpo imortal.
E como se regozijou Creta!, *pois o leito nupcial da Deusa*
Estava repleto de espigas e o campo, pejado de trigo.[107]

Como um autor moderno sabe figurar em símbolos perfeitamente corretos o típico sonho de parto é algo que, por fim, pode ser ilustrado com um exemplo de tempos muito recentes.

Na tragédia *Der Feind und der Bruder* [*O inimigo e o irmão*], de Moritz Heimann,[108] uma moça conta seu sonho — que é interpretado por uma mulher mais velha, que já havia se tornado mãe — como sonho de gravidez e de parto, respectivamente. Podemos considerar isso uma confirmação intuitiva do típico simbolismo investigado pela psicanálise: da água (líquido amniótico) e da caixa — neste caso, um sino — (ventre materno):

Palas.
Na noite passada me vi nadando no mar;
e à minha frente, na via *escura*, nadava
uma imagem cintilante, um *sino*
de *sangue rosado*, brilhando etéreo,
e que parecia dobrar... Ali então

---

107 Goethe, J. W. von (1795/2005). *Erótica romana* (M. Malzbender, trad.). Lisboa: Cavalo de Ferro, pp. 47, 49; trad. modificada, grifos de O. Rank [N.E].

108 Moritz Heimann (1868-1925), escritor, crítico e ensaísta alemão de origem judaica. Seu trabalho como editor teve profunda influência na literatura alemã do início do século XX [N.E.].

a água calma agitou-se, sublevando-se
contra um rochedo, e de repente a queda
de uma Nereida à minha frente destruiu a figura,
fendendo-a, e em meu *ventre*
— veja: aqui — levei uma pontada ardida de dor...

Madalena.
Acordaste?

Palas.
Ainda não. Fiquei sendo alçada
de sonhos profundos para sonhos menos profundos,
e novamente estava a nadar. À minha frente,
já quase no horizonte, mas ainda bem visível, flutuavam
dois sinos, tanto um como outro tenros e candentes,
arrastando-se à minha frente até a espuma
de luz aerada sem fim; nisso então
acordei cansada e sentindo uma dor esquisita,
que agora, ao aumentar, lembrou-me novamente
de meu sonho e de... não sei quê.

Madalena.
Onde sentias essa doce dor?
       (*Ela coloca a mão no peito de Palas.*)
E já sentes teus seiozinhos tenros pulsarem suaves
como se te fossem estranhos e se voltassem a um outro?
Dois tornam-se um; e para que o cálculo dê certo,
depois um torna-se dois, mocinha.[109]

---

109 Hermann, M. (1911). *Der Feind und der Bruder: eine Tragödie in vier Akten*
[O inimigo e o irmão: uma tragédia em quatro atos]. Berlin: Fischer, p. 127 [N.E.].

Infelizmente, por enquanto, pesquisas detalhadas sobre os sonhos utilizados em figurações poéticas foram empreendidas apenas de maneira esporádica. Contudo, já nos ofereceram perspectivas valiosas sobre o conhecimento poético da alma e da essência da criação artística. É muito positivo que o primeiro estudo desse gênero baseado nas teorias psicanalíticas provenha de um historiador da literatura, que reconheceu precocemente a importância da psicologia onírica analítica e tratou de aplicá-la com sucesso em sua área. De fato, ele tinha à sua disposição o mais propício material que se pode conceber: *Die Träume des grünen Heinrich* [*Os sonhos de Henrique, o Verde*], de Gottfried Keller. Citamos aqui, apenas como amostra, uma passagem do opúsculo de Ottokar Fischer,[110] que fornece em detalhe uma série de confirmações da doutrina onírica psicanalítica:

> O sonhador oferece a si uma boa parte do seu mundo de ideias, que é para si mesmo inconsciente e inesperado, e além disso e sobretudo o próprio conteúdo de seus desejos ocultos e inconfessos. É em sonho que pela primeira vez apodera-se de Henrique uma saudade sem limites de sua terra natal, uma vez que ele não tivera tempo de entregar-se a esses sentimentos durante a vigília. Primeiramente, entra no sonho tudo que estava em segundo plano e que ao longo dos dias foi abafado e ignorado, e o que deveria apresentar-se em sua verdadeira configuração como repreensão, dor

---

110 Ottokar Fischer (1883-1938) foi um tradutor, estudioso da literatura, escritor e dramaturgo tcheco de origem judaica [N.E.].

ou saudade. Pode-se dizer que todos os sonhos descritos em *Henrique, o Verde* são sonhos nostálgicos. […] O romance é construído a partir das relações entre mãe e filho. No centro dos sonhos de Henrique encontra-se o pensamento sobre a mãe, a saudade dela, preocupações com ela e, claro, a vergonha em confessar-se tal sentimentalismo. Novamente, confirma-se a observação geral de que nos sonhos aparecem ideias que durante a vigília rispidamente colocamos de lado. Na verdade, por não ter escrito para a mãe, Henrique sente-se culpado de um crime terrível; o fato é que ele mal quer pensar nela, e seus verdadeiros sentimentos para com ela não lhe são nem um pouco conscientes. Apenas o sonho lhe esclarece os próprios sentimentos.[111]

Enquanto essa investigação limita-se a provar que as leis oníricas gerais estão presentes e atuam também nos sonhos que foram ficcionalizados ou explorados poeticamente, há uma outra, a qual também não foi realizada por um médico, que procura levar a cabo a tarefa de aplicar detalhadamente as técnicas de interpretação analítica em exemplos específicos. O Dr. Alfred Robitsek, valendo-se de todo seu ferramental teórico, demonstra em "Analyse von Egmonts Traum" ["Análise do sonho de Egmont"] que, frente à análise, o sonho que o poeta atribui ao seu protagonista mostra-se em todos os sentidos como um sonho, de fato, sonhado. Por meio da decomposição de seus elementos e de sua aproximação com as partes correspondentes

---

111 Fischer, O. (1908). *Die Träume des grünen Heinrich* [Os sonhos de Henrique, o Verde] (C. von Kraus; A. Sauer, org.). Praha: Bellmann, pp. 17-ss.

Sonho e poesia

O sonho de Egmond [C. W. Müller, a partir de J. Nisle, séc. 19]

do poema, logra-se demonstrar "as conexões entre os pensamentos da vigília e os 'restos diurnos', interpretar seu simbolismo, apontar o conteúdo latente por trás do conteúdo manifesto e encontrar seu caráter, tanto geral quanto específico, de realização de desejos".[112] Nisso, assim como no que diz respeito a suas conclusões, o autor poderia apoiar-se numa investigação paradigmática: a já citada[113] análise do delírio e dos sonhos na *Gradiva*, de William Jensen — análise esta que permitiu traduzir os pensamentos nos quais se baseavam as imagens de sonho entretecidas pelo poeta para a descrição do estado de alma do seu protagonista, e assim incluí-las no contexto dos acontecimentos anímicos do sujeito.[114] A intuitiva compreensão dos mecanismos da formação dos sonhos por parte do poeta, que pode ser deduzida a partir disso, leva obrigatoriamente à conclusão de que, em termos de produção, ele bebe da mesma fonte pela qual o psicanalista laboriosamente precisa abrir caminho com a sua técnica, isto é, o inconsciente.[115]

---

112 Robitsek, A. (1910). Die Analyse von Egmonts Traum. *Jahrbuch für psychoanalytische und psychopathologische Forschung*, 2(2), p. 451. Cf. Goethe, J. W. von (1788). *Egmont. Ein Trauerspiel in fünf Aufzügen* [Egmont: uma tragédia em cinco atos]. Leipzig: Göschen [N.E.].

113 Referência à primeira nota, acrescentada em 1909, do capítulo "II. O método de interpretação dos sonhos: análise de uma amostra de sonho". Cf. Freud, S. ([1899]1900/2019). *A interpretação dos sonhos* (P. C. de Souza, trad.) (Obras completas, Vol. 4). São Paulo: Companhia das Letras, p. 130 [N.T.].

114 Cf. Freud, S. (1907/2015). O delírio e os sonhos na *Gradiva* de W. Jensen. In *O delírio e os sonhos na* Gradiva, *análise da fobia de um garoto de cinco anos e outros textos* (pp. 13-122, P. C. de Souza, trad.) (Obras completas, Vol. 8). São Paulo: Companhia das Letras [N.E.].

115 No poema narrativo "Faira", ao qual não tive acesso integralmente, Jensen diz

Novamente, encontramo-nos diante do interessante problema do qual havíamos partido: o parentesco entre a criação poética e a produção onírica. Desde tempos remotos os homens devem ter suspeitado da existência de uma conexão entre ambos; conexão que os antigos, em sua ingênua sabedoria, entenderam significar que, de alguma maneira, os deuses concediam em sonho o dom da poesia a mortais privilegiados. Eles acreditavam nisso inclusive com relação aos grandes poetas épicos Homero e Hesíodo, e diziam o mesmo de Ésquilo, seu mais primevo dramaturgo. Também em períodos mais esclarecidos, impressões similares não puderam ser revogadas por completo, especialmente porque os próprios poetas acreditavam nessas fontes de inspiração — como, por exemplo, o que sabemos de Píndaro e de outros.[116] O obstinado apego às ideias que sempre ressurgem em diferentes roupagens poéticas demonstra que a crença na origem da criação poética no sonho nos coloca diante de "um antigo mote indogermânico".[117] Um exemplo disso estaria referido na "sagração poética" de Hans Sachs, e na "Dedicatória" de Goethe a ela vinculada

---

o seguinte sobre os sonhos: "Sói a vida ser um sonho de olhar desperto,/ Mas o sonho é a vida da alma cativa,/ Mensagem muda dos deuses de Vanaheim,/ do palácio de luz que em mares profundos/ oculta tudo atrás de muros de cristal". Jensen, W. (1880). Faira. Ein erzählendes Gedicht [Faira: um poema narrativo]. *Nord und Süd: Eine deutsche Monatsschrift, 12*(34), p. 13.

116 Cf. o relato de Beda sobre o poeta Caedmon: Beda (731 d.C.) *Historia ecclesiastica gentis Anglorum* [História eclesiástica do povo inglês] (A. Holder, org.). Freiburg/Leipzig: Mohr, Livro IV, Cap. 24.

117 Henzen, W. (1890). *Über die Träume in der altnordischen Sagalitteratur* [Sobre os sonhos nas sagas nórdicas antigas]. Leipzig: Fock, p. 66.

reconhece-se uma derradeira ramificação desse tema.[118] Também não é por acaso que Richard Wagner coloca estes famosos versos na boca do seu Hans Sachs:

> Esta é a obra do poeta,
>
> sonhos anota e interpreta.
>
> A mais vera humana quimera
>
> em sonho brota sem espera:
>
> Poesia e poética são
>
> onírica interpretação.
>
> O sonho já lhes disse assim
>
> que hoje vencerão no fim?[119]

Hebbel fez algo similar especialmente no poema epigramático "Traum und Poesie" ["Sonho e poesia"], em que se lê:

> Sonhos e criações poéticas são intimamente irmanados,
>
> ambos se revezam ou complementam-se em segredo.[120]

---

118 Cf. respectivamente: Goethe, J. W. von (1776/1981). Erklärung eines alten Holzschnittes vorstellend Hans Sachsens poetische Sendung [Esclarecimento de uma antiga xilogravura que apresenta a missão poética de Hans Sachs]. In *Werke* (pp. 135-139, E. Trunz, org.) (Vol. 1). München: Beck; Goethe, J. W. von (1797/2016). Dedicatória. In *Fausto* (6a ed., J. Klabin Segall, trad.). São Paulo: Ed. 34, p. 29 [N.E.].

119 Wagner, R. (191-?). "Ato III". In *Die Meistersinger von Nürnberg* [Os mestres--cantores de Nuremberg] (C. Waack, org.). Leipzig: Breitkopf & Härtel, p. 100.

120 Hebbel, F. (1845/1904). Traum und Poesie [Sonho e poesia]. In *Demetrius; Gedichte* (2a ed., R. M. Werner, org.) (Werke, Vol. 6). Berlin: Behr, p. 372.

Sagração de Hans Sachs como poeta [Weisbeck, a partir de Voltz, 1829]

E também em anotações avulsas no seu diário:

> Minha ideia de que sonho e poesia são idênticos confirma-se cada vez mais. [...] O estado de entusiasmo poético (como o que sinto profundamente neste instante) é um estado onírico. É assim que as demais pessoas devem pensar nele. *Na alma do poeta prepara-se algo que ele mesmo não sabe o que é.*[121]

Observações e confissões semelhantes não são raras em meio aos poetas. Entre outros, por exemplo, sabemos por Goethe que ele "[se] sentia impelido a tomar nota, instintiva e oniricamente",[122] de muitos de seus poemas, e Paul Heyse nos diz em suas memórias de juventude, generalizando suas experiências pessoais: "Ora, a última parte de toda invenção artística consuma-se numa enigmática excitação inconsciente, parente próxima do próprio estado onírico".[123]

Também são frequentes vivências muito singulares, as quais levaram à constatação dessas relações. Poetas que conferem especial atenção aos seus sonhos, como Hebbel ou Gottfried Keller, notaram certa dependência entre sua produção poética e sua vida onírica. No dia 6 de novembro de 1843, em

---

121 Hebbel, F. (1847/1905). *1840-1844* (R. M. Werner, org.) (Tagebücher, Vol. 2). Berlin: Behr, p. 241.

122 Eckermann, J. P. (1830/2016). *Conversações com Goethe nos últimos anos de sua vida 1823-1832*. (M. L. Frungillo, trad.). São Paulo: Editora Unesp, p. 677; trad. modificada [N.T.].

123 Heyse, P. (1868/1900). *Jugenderinnerungen und Bekenntnisse* [Lembranças de juventude e confissões] (3a ed.). Berlin: Hertz, p. 346 [N.T.].

Paris, escreve Hebbel: "Quando ainda estava realizando obras poéticas, eu sonhava poeticamente, agora não mais".[124]

Depois de mencionar uma série de sonhos estranhos, ele prossegue num poema:

> Escrever tragédias antes não tinha jeito,
> Desde que consigo, sonhos é que me fogem.
> Será que sonhos eram poemas imperfeitos?
> E um bom poema é perfeito sonho hoje?[125]

Em Keller, podemos ver claramente como ele atribui uma observação puramente subjetiva, confiada ao seu diário (15 de janeiro de 1848), ao herói que lhe era mais próximo, "Henrique, o Verde":

> Quando de dia não trabalho, minha fantasia o faz com as próprias mãos à noite; porém, esse querido fantasma galhofeiro leva embora consigo todas as suas criações e apaga com cuidado todos os rastros de sua atividade fantasmagórica.[126]

---

124 Hebbel, F. (1847/1905). *1840-1844* (R. M. Werner, org.) (Tagebücher, Vol. 2). Berlin: Behr, p. 286 [N.E.].

125 Hebbel, F. (1848). Traum und Poesie [Sonho e poesia]. In *Neue Gedichte*. Leipzig: Weber, p. 175 [N.T.].

126 Anotação de Keller em seu diário. Cf. Keller, G. (1848/1894). *Gottfried Kellers Leben: seine Briefe und Tagebücher* [A vida de Gottfried Keller: suas cartas e diários] (J. Baechtold, org.) (Vol. 1). Berlin: Hertz, p. 304.

A partir do momento em que não mais mantinha ocu-
padas a fantasia e sua insólita capacidade figurativa ao
longo do dia, durante o sono seus operários agitavam-
-se em seus procedimentos autônomos e produziam
com aparentes juízo e lógica um tropel onírico [...].[127]

Outras vezes, em vez dessa relação vicária entre sonho
e poesia, encontramos uma relação fomentadora ou mesmo
uma identidade. Aqui incluem-se os numerosos casos nos
quais uma série de versos e rimas, ou até poemas inteiros, sur-
gidos em sonho provaram ser poeticamente valiosos, como
no famoso exemplo do *Kubla Khan*, de Coleridge — cuja autenticidade foi, no entanto, recentemente questionada por H.
Ellis.[128] Outros poetas também utilizaram material sonhado
em suas criações poéticas ou conferiram-lhes tal forma. Assim
foram compostos, a partir de sonhos, os poemas "Die Harfe"
["A harpa"] e "Die Klage" ["O lamento"], de Uhland;[129] "Traum
(ein wirklicher)" ["Sonho (um verdadeiro)"], de Hebbel;[130] e
algumas canções de Mörike, Keller e outros. Também

127 Keller, G. (1855/1897). Heimatsträume [Sonhos com a terra natal]. In *Der
grüne Heinrich* (Vol. 4) (16a ed., Gesammelte Werke, Vol. 3). Braunschweig, p. 102.

128 Ellis, H. (1911/1911). *Die Welt der Träume* [O mundo dos sonhos] (H. Kurella,
trad.). Würzburg: Kabitzsch/Stubers, p. 269. ([N.E.]: No original inglês: *The World
of Dreams*. Boston/New York: Houghton Mifflin, p. 276.)

129 Cf. Uhland, L. (1898). *Gedichte* (Vols. 1 e 2) (E. Schmidt & J. Hartmann, org.).
Stuttgart: Cotta. Para o primeiro título foram encontrados dois poemas: "Die Harfe" (vol. 1, pp. 374-375; vol. 2, pp. 277-278). Para o segundo, três, intitulados "Klage" (vol. 1, pp. 37 e 431; vol. 2, p. 313) [N.E.].

130 Hebbel, F. (1842/1904). Traum: ein wirklicher. In *Gedichte III* (2a ed., R. M.
Werner, org.) (Werke, Vol. 7). Berlin: Behr, pp. 166-169.

Sonho e poesia

prosadores como Stevenson,[131] Ebers,[132] Lynkeus (Josef Popper)[133] reconheceram dever aos sonhos alguns de seus materiais ou motes. Chega-se inclusive a atribuir ao sonho um desempenho artístico muito superior ao que seria possível na vigília; contudo, o mais famoso exemplo desse tipo — a sonata *Trillo del Diavolo* [*O trinado do Diabo*], de Tartini[134] — também será colocado em questão,[135] e representações poéticas semelhantes, como o "Maestro Kreisler", de E. T. A. Hoffmann, dificilmente poderiam ser tomadas como prova.[136]

É compreensível que esse parentesco tão próximo entre sonho e arte, muitas vezes considerado uma consubstancialidade, incite alguns entendimentos que, com base num dos fenômenos, solucione o enigma do outro. Isso foi, sem dúvida,

---

131 Robert Louis Stevenson (1850-1894), célebre romancista escocês, autor de *The strange case of Dr. Jekyll and Mr. Hyde* [*O médico e o monstro*] [N.T.].

132 Georg Ebers (1837-1898) foi um egiptólogo e romancista alemão, tendo sido um dos responsáveis pela popularização, no século XIX, de temas ligados ao Egito Antigo [N.T.].

133 Josef Popper-Lynkeus (1838-1921) foi um polímata austríaco. Entre seus famosos admiradores estavam Stefan Zweig, Arthur Schnitzler e Sigmund Freud, a ponto de este último designá-lo como um dos maiores homens de seu tempo [N.T.].

134 Giuseppe Tartini (1692-1770) foi um compositor e violinista italiano nascido na cidade de Piran — hoje, parte da Eslovênia [N.T.].

135 Ellis, H. (1911/1911). *Die Welt der Träume* [O mundo dos sonhos] (H. Kurella, trad.). Würzburg: Kabitzsch/Stubers, p. 269. ([N.E.]: No original inglês: *The World of Dreams*. Boston/New York: Houghton Mifflin, p. 276.)

136 Cf., por exemplo, as Kreislerianas [i] e [2] em: Hoffmann, E. T. A. (1814-15/2021). *As tramas do fantástico* (F. R. de Moraes Barros, trad. e org.). São Paulo: Perspectiva [N.E.].

muito caro especialmente aos poetas e filósofos românticos. Já em 1796, Tieck — em seu prefácio para *A tempestade*, de Shakespeare — delineou um programa de uma estética dessa espécie, do qual citamos o seguinte trecho:

> Shakespeare, que em suas peças tantas vezes deixa transparecer o quão íntimo é das mais sutis moções da alma humana, provavelmente observava a si mesmo em seus sonhos e aplicava a experiência aí adquirida em seus poemas. O psicólogo e o poeta podem, sem dúvida alguma, ampliar muito as suas experiências investigando a fundo o passo dos sonhos.[137]

Schopenhauer — que, apoiando-se na visão de mundo indiana, venerava um extremo "idealismo onírico" — também defendeu pontos de vista semelhantes com relação à arte. Em um trecho de sua obra póstuma, no qual discorre "sobre a arte poética", lê-se:

> Por isso digo que a grandeza de Dante consiste no fato de que, enquanto outros poetas detêm a verdade do mundo real, ele detém a *verdade do sonho*: ele nos dá a ver coisas inauditas, exatamente como as que vemos nos sonhos e pelas quais somos igualmente enganados. É como se ele tivesse sonhado cada canto durante a noite e os escrevesse pela manhã. Para ver o quanto

---

137 Tieck, L. (1796). Über Shakespeares Behandlung des Wunderbaren [Sobre o tratamento do maravilhoso por Shakespeare]. In Shakespeare, W. (~1610-11/1796). *Der Sturm* (L. Tieck, trad.). Berlin/Leipzig: C. A. Nicolai, p. 8 [N.E.].

Sonho e poesia

a verdade do sonho tudo contém. [...] E, sobretudo, para fazer-se uma ideia da atividade do gênio nos verdadeiros poetas, da independência entre essa atuação e qualquer reflexão, observemos nossa própria atividade poética no sonho. [...] O quanto essas descrições ultrapassam aquilo de que somos capazes mediante nossas intenção e reflexão: quando você acordar de um sonho muito vívido e minuciosamente dramático, examine-o e admire-se com o seu próprio gênio poético. Por conseguinte, pode-se dizer: um grande poeta — por exemplo, Shakespeare — é uma pessoa que consegue fazer acordada o que fazemos em sonho.[138]

Algo semelhante é mencionado por Jean Paul:

No sonho, a fantasia pode estender com maior beleza os seus jardins suspensos, cobrindo-os de flores e acolhendo ali especialmente as mulheres expulsas dos jardins rasteiros. [...] *O sonho é arte poética involuntária*[139] e mostra que o poeta trabalha com o cérebro corpóreo mais que qualquer outra pessoa. [...] Do mesmo modo, ao escrever, o verdadeiro poeta é apenas ouvinte

---

138 Schopenhauer, A. (1895). *Neue Paralipomena* [Novos paralipômenos] (Vol. 4). Leipzig: Reclam, pp. 391-ss.

139 Em *Antropologia*, Kant também denomina o sonho arte poética involuntária. ([N.E.]: Cf. Kant, I. (1798/2006). Da ficção involuntária no estado saudável, isto é, do sonho. In *Antropologia de um ponto de vista pragmático* (C. A. Martins, trad.). São Paulo: Iluminuras, pp. 88-89.)

dos seus caracteres, e não seu professor [...] ele os vê vivos como nos sonhos, e então os escuta.[140]

Nietzsche, em sua obra de juventude, *O nascimento da tragédia a partir do espírito da música*, exalta o sonho como uma das fontes da arte:

Assim como o filósofo procede para com a realidade da existência, do mesmo modo se comporta a pessoa suscetível ao artístico em face da realidade do sonho; observa-o precisa e prazerosamente, pois a partir dessas imagens interpreta a vida e com base nessas ocorrências exercita-se para a vida. As imagens agradáveis e amistosas não são as únicas que o sujeito experimenta dentro de si com aquela onicompreensão, mas outrossim as sérias, sombrias, tristes, escuras, as súbitas inibições, as zombarias do acaso, as inquietas expectativas; em suma, toda a "divina comédia" da vida, com o seu *Inferno*, desfila à sua frente, não só como um jogo de sombras — mas tampouco sem aquela fugaz sensação de aparência. E talvez alguns, como eu, se lembrem de que, em meio aos perigos e sobressaltos dos sonhos, por vezes tomaram coragem e conseguiram exclamar: "É um sonho! Quero continuar a sonhá-lo!"[141]. Assim

---

140 Paul, J. (1799/1827). Über das Träumen [Sobre o sonhar]. In *Briefe und bevorstehender Lebenslauf* (E. Berend, org.) (Sämtliche Werke, Vol. 35). Berlin: Reimer, pp. 64-65 [N.T.].

141 Cf. os versos de Hebbel: "Sonho inquieto escapa/ Um sentimento oculto:/ Significa nada/ Ainda que pese muito". ([N.E.]. Hebbel, (1841/1904). Dem Schmerz

Sonho e poesia

como também me contaram a respeito de pessoas que foram capazes de levar adiante a trama causal de um e mesmo sonho durante três ou mais noites consecutivas: são fatos que prestam testemunho preciso de que o nosso ser mais íntimo, o fundo comum a todos nós, colhe no sonho uma experiência de profundo prazer e jubilosa necessidade.[142]

As semelhanças entre sonho e poesia foram estudadas por estetas idealistas como Vischer[143] e Volkelt.[144] Vischer diz que "todas as figurações criadas pelos grandes poetas são envoltas por sopros de sonho".[145] "O que não tem caráter de sonho

---

sein Recht [À dor o devido]. In *Demetrius; Gedichte* (2a ed., R. M. Werner, org.) (Werke, Vol. 6). Berlin: Behr, p. 294.)

142 Nietzsche, F. (1872/1992). *O nascimento da tragédia, ou Helenismo e pessimismo.* (J. Guinsburg, trad.). São Paulo: Companhia das Letras, p. 28.

143 Friedrich Theodor Vischer (1807-1887), escritor e filósofo alemão, pertenceu ao círculo de Gottfried Keller, Jakob Burckhardt e Richard Wagner [N.T.].

144 Johannes Immanuel Volkelt (1848-1930) foi um dos principais precursores de Sigmund Freud no que diz respeito à interpretação dos sonhos, sendo que o seu *Die Traumphantasie* [*A fantasia onírica*] (1875) é citado diversas vezes pelo psicanalista. Ademais, enquanto bibliografia de *A interpretação dos sonhos*, foi um dos assuntos da correspondência entre André Breton e Sigmund Freud nos anos 1930 [N.T.].

145 Vischer, F. Th. (1876). Studien über den Traum [Estudos sobre o sonho]. *Beilage zur Allgemeinen Zeitung*, (106), suplemento, p. 1600. Ao que parece, Rank faz uma citação livre do artigo de Vischer, que nessa altura diz o seguinte: "Ninguém é poeta se suas imagens não tiverem essa magia dos sonhos. Como é que alguém poderia escrever uma estética sem incluir o sonho!?" [N.T.].

não é belo, acabado, poético, e tampouco verdadeiramente artístico".[146]

Recentemente Arthur Bonus acentuou o significado do sonho para a compreensão da técnica artística e qualificou-o como o meio mais favorável que pode ser concebido para o entendimento da verdadeira essência da criação artística.[147] A tentativa mais ampla de utilização dos processos oníricos para esclarecimento dos fenômenos estéticos fundamentais foi empreendida por Arthur Drews e publicada, em 1901, no artigo "Das ästhetische Verhalten und der Traum" ["A conduta estética e o sonho"]. Ele parte do problema da contradição colocada pela posição dupla daquele que frui, problema este especialmente acessível à psicanálise,[148] e atribui a *simultânea* postura diante da obra de arte, como realidade e aparência,[149] à real clivagem da nossa consciência em supra e subconsciência, característica da vida em sonho: "A obra de arte só é capaz de exercer esse efeito sugestivo ao desviar-se da supraconsciência e, ao mesmo tempo, voltar-se diretamente à subconsciência". Contudo, a supraconsciência caracteriza como aparência esse

---

146 Vischer, F. Th. (1907). *Das Schöne und die Kunst* [O belo e a arte]. Stuttgart: Cotta, p. 214 [N.E.].

147 Cf. Bonus, A. (1906). Traum und Kunst. *Der Kunstwart, 20*(4), pp. 177-191 [N.E.].

148 Cf. Rank, O. & Sachs, H. (1913). Ästhetik und Künstlerpsychologie [Estética e psicologia do artista]. In *Die Bedeutung der Psychoanalyse für die Geisteswissenschaften*. Wiesbaden: Bergmann, pp. 81-93.

149 Cabe aqui uma observação, ainda que anacrônica: Rank utiliza o termo *Schein*, o mesmo geralmente utilizado para verter hoje ao alemão o *semblant* lacaniano [N.E.].

Sonho e poesia

conteúdo visível, concreto e sensorial da subconsciência. Portanto, a conduta estética

> só é possível porque a crença na aparência e a busca pela aparência existem em duas esferas de consciência separadas, que se suspendem numa unidade superior da consciência estética. [...] Na subconsciência em si, o ideal não é diferenciado do real. [...] Toda essa atividade simbolizadora — hoje, em geral, reconhecida como núcleo da conduta estética — não passa da atividade da consciência onírica, que se baseia na criação de símbolos, em revestir o seu próprio estado subjetivo com uma roupagem objetiva e transformá-lo em imagens, configurações e acontecimentos. [...] Dada essa consonância entre o conteúdo da consciência e a aparência estética, de fato não temos dúvidas de que a conduta estética se baseia no desencadeamento da consciência onírica. [...] A consciência onírica mostra uma redução da inteligência ao infantil, subdesenvolvido, rudimentar e ingênuo.

E de modo similar, ainda segundo Drews: "a conduta estética, com suas tendências instintivas de simbolização e personificação, pode ser efetivamente vista como um recuo temporário aos pontos de vista da infância da humanidade, quando todo objeto parecia vivo.[150]

---

150 Drews, A. (1901). Das ästhetische Verhalten und der Traum [A conduta estética e o sonho]. *Preussische Jahrbücher, 104*(3), pp. 394-ss. [N.E.].

Esse último aspecto já havia sido utilizado por Du Prel em *Psychologie der Lyrik* [*Psicologia da lírica*], estudo baseado nas investigações sobre o sonho, que procura compreendê-lo como uma espécie de "visão de mundo paleontológica".[151] Cumpre mencionar que ele encontra o "processo de condensação de representações em série" — que conhecemos bem graças ao trabalho onírico — em toda espécie de produção artística, e sobretudo conta com ele como essência da intuição.[152] Para isso, ele parte da perspectiva de que "o pensamento se baseia num processo inconsciente, e seu resultado final passa à consciência já concluído. Trata-se disso especialmente nas autênticas produções artísticas e, sobretudo, em toda potência genial, mas também cotidianamente, quando vem à luz o que em alemão chamamos de *Einfall* e os franceses, *aperçu*[153]".[154]

---

151 Du Prel, C. (1880). *Psychologie der Lyrik*. Leipzig: Günther, p. 94 [N.E.].

152 Baseado numa declaração de Mozart sobre o modo como compunha, Du Prel vê "o segredo da concepção musical na condensação de representações auditivas" (Du Prel, C. (1885). *Die Philosophie der Mystik* [A filosofia do misticismo]. Leipzig: Günther, p. 89). Recentemente, Hans Thoma também procurou compreender a criação do pintor como uma visão "interior" aparentada ao estado onírico: "[...] aparece aqui o que na criação artística é designado como o inconsciente, o qual é o fundamento da magia e da inexplicabilidade exercida pelas grandes obras de arte. Também o criador não tem explicação para o que lhe acontece, pois uma misteriosa atuação da natureza guiou a sua criação; e tampouco pode explicar como, apesar do seu engenho racional sobre a matéria e a artesania, fora capaz de trabalhar como que em estado onírico". (Thoma, H. (1912). Traumthema und künstlerisches Schaffen [O tema onírico e a criação artística]. *Der Kunstwart*, 26(5), p. 309).

153 Ambas as expressões dizem respeito a uma percepção súbita, como um dar-se conta que, coloquialmente, poderíamos traduzir por "cair a ficha" [N.T.].

154 Du Prel, C. (1885). *Die Philosophie der Mystik* [A filosofia do misticismo]. Leipzig: Günther, pp. 103-104 [N.E.].

Ainda que esses resultados de uma psicologia da obra de arte baseada no estudo dos sonhos também sejam dignos de atenção e cheguem tão perto da concepção psicanalítica por levarem em conta o inconsciente, de igual maneira são sempre muito gerais e carecem de provas detalhadas e convincentes. Somente com a ajuda da compreensão analítica do trabalho onírico e o conhecimento do inconsciente tornou-se possível levar a sério a paralelização entre sonho e poesia, até então somente um símile, ainda que eventualmente correto. Nossa compreensão aprofundada quanto aos mecanismos, assim como quanto aos sentido e conteúdo das formações oníricas, também nos permite uma melhor compreensão do processo de criação artística que lhe é próximo. As assim denominadas fantasias — ou sonhos acordados — prestam um serviço valioso como reino intermediário entre o mundo do sonho e o da poesia. Essas produções da vigília, que a própria língua relaciona intimamente com as nossas produções noturnas, muitas vezes mostram claramente aquilo que, em sonho, frequentemente só é capaz de encontrar uma expressão deformada. Elas nos denunciam algumas características da atividade fantasística que o sonho só revela após laborioso estudo, e que a poesia, calculada para outrem, já quase não nos permite reconhecer. A eles pertencem, sobretudo, a posição egocêntrica de quem fantasia, seguida pelo caráter de realização de desejos das suas criações e seus respectivos matizes eróticos. Esses sonhos acordados, que alguns poetas reconheceram como preliminares para suas realizações poéticas, correspondem a sonhos não deformados, aproximadamente como as poesias correspondem a sonhos idealizados em diferentes direções. Eles nos facilitam as conclusões acerca da psicologia do sonhador a partir da psicologia do artista, e nos demonstram claramente que as forças pulsionais inconscientes, assim como o conteúdo psíquico, são os mesmos em ambos os casos e diferenciam-se somente na moldagem denominada "elaboração secundária". Basicamente, o poeta cria em sua obra uma realização de seus mais secretos desejos, sob múltiplas deformações e roupagens simbólicas. Por vezes, ele também possibilita a satisfação e a descarga (catarse) das moções pulsionais recalcadas na infância, mas que continuam atuantes no inconsciente.

Isso não pode ser meramente deduzido dos sonhos, no entanto, como um processo análogo; porém, certas imagens oníricas nos permitem indicar essas moções pulsionais universalmente humanas e rastrear, em detalhe, as suas transformações até a obra de arte. Esses são os chamados "sonhos típicos", que já nos deram informações decisivas acerca de determinadas fontes oníricas psíquicas.

Assim, o sonho com nudez[155] permitiu que nos ocupássemos minuciosamente de configurações similares da fantasia poética, e nelas indicar a atuação das mesmas moções pulsionais inibidas pela censura psíquica.[156] O já citado conto

---

155 Freud, S. ([1899]1900/2019). *A interpretação dos sonhos* (P. C. de Souza, trad.) (Obras completas, Vol. 4). São Paulo: Companhia das Letras, pp. 285-ss.

156 Cf. Rank, O. (1913). Die Nackheit in Sage und Dichtung [A nudez em contos lendários e poesias]. *Imago: Zeitschrift für Anwendung der Psychoanalyse auf die Geisteswissenschaften, 2*(3), pp. 267-301.

Sonho e poesia

de Andersen,[157] assim como o episódio de Nausícaa, extraído da *Odisseia*,[158] poderiam ser classificados como tipos característicos de um grande grupo de criações fantasísticas que se revelam como distintos, ampla e diversamente revestidos produtos do recalcamento do desejo infantil de se mostrar, que encontra tão característica expressão nos sonhos exibicionistas. Também demonstraram ser típicas configurações das moções exibicionistas recalcadas os motes poéticos que podem ser observados nos mitos — como a suntuosidade das roupas (*Monna Vanna*),[159] o agrilhoamento (*Odisseia*),[160] a deformidade física (*Der arme Heinrich* [*O pobre Heinrich*])[161] e a invisibilidade (*Lady Godiva*)[162] —, que encontram seu modelo em situações oníricas (defeito na roupa, inibição etc.), e sua contrapartida em certos sintomas neuróticos (urticária) ou fantasias, assim como em perversões específicas (fetiches com roupas etc.). Todas essas configurações do tema da nudez tiram sua força pulsional principalmente da curiosidade sexual

---

157 Andersen, H. Ch. (1837). *A roupa nova do imperador* (M. Stahel, trad.). São Paulo: Martins Fontes, 2001 [N.E.].

158 *Odisseia* 6. Homero (~séc. 8 a.C./2011). *Odisseia* (T. Vieira, trad.). São Paulo: Editora 34, pp. 175-193 [N.E.].

159 Maeterlinck, M. (1909). *Monna Vanna: drame lyrique en quatre actes* [Monna Vanna: drama lírico em quatro atos]. Paris: Charpentier et Fasquelle [N.E.].

160 Cf. o episódio de Ulisses com as sereias: *Odisseia* 12, 38-54. Homero (~séc. 8 a.C./2011). *Odisseia* (T. Vieira, trad.). São Paulo: Editora 34, p. 359 [N.E.].

161 Aue, H. von der (~1190/1881). Der arme Heinrich. In *Der arme Heinrich und Die Büchlein*. Leipzig: Hirzel, pp. 2-62 [N.E.].

162 Cf., entre outros, o poema de Tennyson: Tennyson, A. (1842/1872). Godiva. In *Complete poetical works*. Boston: Osgood, & Co., pp. 87-88 [N.E.]

As sereias e Ulisses, amarrado ao mastro [anônimo, 1886]

da criança, sobretudo com relação aos pais. Assim encontram expressão tanto as moções que aspiram a uma satisfação dos anseios proibidos quanto as tendências culturalmente coibidas e recalcadas do eu orientado pela cultura. Porém, enquanto o conto lendário aliena a situação onírica que lhe é correspondente, como que materializando-a, a poesia parece aspirar à sua interiorização e ao seu refinamento.

Boa parte da utilização dos sonhos típicos para a compreensão de outros temas poéticos amplamente difundidos segue em aberto. Isso porque, por um lado, a vida onírica ainda não foi analiticamente pesquisada o bastante nesse sentido; por outro, porque o material diversas vezes retrabalhado da poesia nem sempre — ainda que às vezes — permite que se tirem conclusões. Em todo caso, parece chamar atenção e ser digno de destaque que as poucas e tão esperadas tentativas realizadas tragam à mais clara luz as fontes eróticas da criação poética.

Esse é sobretudo o caso de um dos grupos mais importantes, que conhecemos como representantes do assim chamado "complexo de Édipo". A tragédia de Sófocles sobre o rei Édipo,[163] cuja compreensão psicológica nos foi proporcionada pela interpretação dos sonhos, representa nada mais que uma expressão especialmente evidente da tendência que é mobilizada na relação das crianças com seus pais, assim que ela avista o pai como um incômodo concorrente ao amor e carinho da mãe. Um exame da formação das fantasias poéticas baseado no princípio do recalque secular na vida anímica da

---

163 Sófocles (~séc. 5 a.C./2016). *Édipo rei* (T. Vieira, trad.). São Paulo: Perspectiva [N.E.].

humanidade é capaz de mostrar que representações mais ou menos encobertas, deformadas e atenuadas dos mesmos conflitos originários estendem-se através da literatura mundial e sempre atraem o poeta para elaborar algo novo. A partir de um vasto material, Otto Rank evidenciou o significado da fantasia incestuosa, não só para a criação poética como também para a vida anímica do artista e a compreensão psicológica de sua obra.[164] Com isso, constatou a ubiquidade do mote incestuoso na obra dos mais significativos poetas da literatura mundial. Em termos de detalhes, ainda há muito o que ser pormenorizado e esclarecido, especialmente nos que diz respeito às ligações com o destino pessoal da vida do poeta. Também demandam especial debate os problemas da forma artística e sua configuração técnica caso a caso. Ernst Jones dedicou um minucioso exame ao tema de *Hamlet*.[165] Apoiado num rico conhecimento da mais relevante literatura, Jones tentou abordar o problema por diferentes ângulos, para encontrar, por fim, sua solução nas fantasias incestuosas, concordando com as interpretações descritas anteriormente[166] para os sonhos típicos.[167] Porém, ele

---

164 Rank, O. (1912). *Das Inzest-Motiv in Dichtung und Sage* [O tema do incesto na literatura e nos contos lendários: fundamentos para uma psicologia da criação literária]. Leipzig: Franz Deuticke [N.E.].

165 Jones, E. (1910). The Œdipus-complex as an explanation of Hamlet's mystery: a study in motive [O complexo de Édipo como uma explicação do mistério de Hamlet: um estudo sobre o motivo]. *The American Journal of Psychology*, *21*(1), pp. 72-113 [N.E.].

166 Freud, S. ([1899]1900/2019). *A interpretação dos sonhos* (P. C. de Souza, trad.) (Obras completas, Vol. 4). São Paulo: Companhia das Letras, pp. 302-303.

167 Desconsideramos aqui o livro *Shakespeares Hamlet, ein Sexualproblem* [O

não restringiu sua interpretação ao protagonista do drama, mas mostrou como os demais personagens obtêm seu bom sentido psicológico no contexto dessa concepção; como eles se revelam cisões e duplicações da unidade anímica que buscamos no eu do poeta. A pronta objeção de que aqui, semelhante ao que acontece em Édipo, trata-se apenas da forma dramática de um perpetuado tema mítico, cujo conteúdo está dado ao poeta, oferece à psicanálise uma oportuna ocasião para indicar que as criações da imaginação popular também estão submetidas às mesmas leis que cada um dos feitos individuais; e que o poeta, a depender da predominância de seus complexos, não só tem a possibilidade de escolher entre os materiais disponíveis, como também se sente coagido a reformular e desenvolver o tema em seu próprio sentido. Da mesma forma, podemos ver a *saga* de Édipo — na qual se baseiam tantas elaborações poéticas — como expressão universal de certos estímulos originários da infância do gênero humano. O material de Hamlet também pode ser compreendido, em sua transmissão mitológica, como uma reação algo deformada às mesmas lutas anímicas que estimulam o poeta a utilizar esse recipiente à disposição para o acondicionamento de seus conflitos psíquicos análogos.

Hamlet de Shakespeare, um problema sexual], de Erich Wulffen, que se trata de um equivocado achatamento da abordagem psicanalítica.

Sonho e mito

Traum und Mythus (1914)

Sonho e mito[1]

"O sonho nos leva de volta a remotos
estados da cultura humana e proporciona
um meio de melhor compreendê-los".[2]

— Friedrich Nietzsche

Há tempos a significação do sonho para a formação dos mitos
e lendas é conhecida e reconhecida pelos pesquisadores. Muitos mitólogos — como Laistner, Mannhardt, Roscher e, mais
recentemente, Wundt[3] — avaliaram pormenorizadamente a

---

1 Texto originalmente publicado em Freud, S. ([1899]1900/1914). *Die Traumdeutung* [A interpretação dos sonhos] (4a ed. ampliada, com contribuições do dr.
Otto Rank). Leipzig/Wien: Franz Deuticke, pp. 389-402. Traduzido a partir da 7a
edição, que data de 1922 — a última em que se pode encontrá-lo na referida obra,
como "Apêndice 2" ao capítulo "O trabalho onírico" (pp. 368-380). Em tempo: as
imagens aqui presentes foram inseridas na edição brasileira.

2 Nietzsche, F. (1878/2020). *Humano, demasiado humano* (P. C. de Souza, trad.).
São Paulo: Cia. das Letras, p. 23; trad. modificada.

3 Cf. por exemplo: Laistner, L. (1889). *Das Rätsel der Sphinx* [O enigma da es-

Sonho e mito   107

significação da vida onírica, sobretudo nos sonhos de medo, para a compreensão de diferentes mitos, ou ao menos de grupos temáticos. Especialmente o pesadelo, graças a suas inúmeras relações com temas mitológicos, oferece o maior ensejo a isso. Vários de seus elementos, como as sensações de inibição de movimento, de chamar pelo nome (grito), as perguntas constrangedoras, entre outros, parecem de fato ter encontrado nos mitos um correspondente aos seus precipitados. Em contrapartida, a unilateralidade dessas abordagens e suas limitações a fenômenos oníricos individuais estimulou autores subsequentes a continuar rastreando as influências da vida onírica nas criações populares. Friedrich von der Leyen, que logo após a publicação de *A interpretação dos sonhos* enfatizou a importância dos resultados psicanalíticos para a pesquisa sobre os contos maravilhosos,[4] também recorreu a outros tipos de sonhos em sua minuciosa publicação posterior, a qual infelizmente limita-se a salientar as analogias que aparecem no conteúdo manifesto.[5]

Por mais interessantes que sejam essas paralelizações, elas não correspondem às expectativas quanto à significação da

---

finge]. Berlin: Hertz; Mannhardt, W. (1877). *Antike Wald- und feldkulte* [Cultos antigos da mata e do campo] (Vol. 2). Berlin: Borntraeger; Roscher, W. (1900). *Ephialtes* [Efialta]. Leipzig: Teubner; Wundt, W. (1906). *Mythus und Religion* [Mito e religião] (Völkerpsychologie, Vol. 2/II). Leipzig: Engelmann [N.E.].

4 Cf. Leyen, F. von der (1901/1969). Traum und Märchen [Sonho e conto maravilhoso]. In *Märchenforschung und Tiefenpsychologie* (pp. 1-12, W. Leiblin, org.). Darmstadt: Wissenschaftliche Buchgesellschaft [N.E.].

5 Cf. Leyen, F. von der (1911). *Das Märchen: ein Versuch* [O conto maravilhoso: um ensaio]. Leipzig: Quelle & Meyer [N.E.].

vida onírica para a formação dos mitos. É impossível esgotar o problema adotando uma utilização das mais notáveis vivências oníricas individuais relacionando-as a contos de caráter fantástico. Também aqui a pesquisa psicanalítica, para além da descrição, conduz gradualmente ao conjunto de forças pulsionais inconscientes da produção dos sonhos e dos mitos.

A partir de uma série de exemplos, Riklin mostrou que "realização de desejos e simbolismo no conto maravilhoso"[6] sujeitam-se às leis oníricas constatadas analiticamente. Jones não só foi capaz de sustentar a teoria mitológica dos pesadelos, como também de aprofundá-la e enriquecê-la, uma vez que aproveitou o conteúdo *latente* dessas peculiares vivências noturnas para o esclarecimento de determinadas formas de superstições medievais (crenças em bruxas e demônios, lobisomem, vampiro etc.).[7] Abraham empreendeu uma bem-sucedida interpretação da saga de Prometeu, na qual comprovou que as regras da doutrina onírica psicanalítica aplicam-se com sucesso às formações da fantasia popular.[8] Rank, por sua vez, pôde examinar o valor das interpretações psicanalíticas dos mitos sobre o seu tão disputado simbolismo, as quais ora se comprovam irrefutáveis. Verificou-se que no "mito do nascimento

---

6 Riklin, F. (1908). *Wunscherfüllung und Symbolik im Märchen* [Realização de desejos e simbolismo no conto maravilhoso]. Leipzig/Wien: Franz Deuticke [N.E.].

7 Jones, E. (1912). *Der Alptraum in seiner Beziehung zu gewissen Formen des mittelalterlichen Aberglaubens* [O pesadelo em sua relação com certas formas de superstição medieval]. Leipzig/Wien: Franz Deuticke [N.E.].

8 Abraham, K. (1909/2020). *Sonho e mito* (L. Krüger et. al., trad.). Porto Alegre: Artes & Ecos.

Sonho e mito

do herói"[9] o recém-nascido, enjeitado numa caixa, e a água são uma expressão simbólica e tendenciosamente desfigurada do parto, como nos já discutidos sonhos com nascimento. Dessa forma, seria natural fundamentar na psicologia social muitos símbolos oníricos aparentemente individuais, assim como, por outro lado, utilizar os significados conhecidos a partir do sonho no esclarecimento de tradições míticas. Ao mesmo tempo, isso abriria caminho para um entendimento aprofundado de muitos fatos da história cultural; pois, com frequência, o símbolo se manifesta como um precipitado de uma identidade primordialmente tomada como real.

Essas múltiplas relações do simbolismo com o sonho, com o mito e com a história cultural seriam explicadas por meio de um exemplo que serve para vários outros. Se hoje, num sonho, encontramos o *fogo* empregado como símbolo do amor, o estudo da história cultural nos ensina que essa imagem, quase submersa numa alegoria, teve originalmente uma real e gigantesca significação para o desenvolvimento da humanidade. A produção ígnea já representou efetivamente o ato sexual em si mesmo, isto é, era investida com as mesmas energias libidinais e representações a ele relacionadas. Um exemplo clássico disso é oferecido pela produção ígnea na Índia, que lá é representada pela imagem da cópula. O *Rigveda* (Livro III, Hino 29, versos 1-3) diz que:

---

9 Rank, O. (1909/2015). *O mito do nascimento do herói: uma interpretação psicológica dos mitos* (C. L. de Medeiros, trad.). São Paulo: Cienbook [N.E.].

Agni [N. Bose, 1913]

Eis aqui a madeira para fricção; o princípio produtor (lenho masculino) está pronto; aproxime a mãe (lenho feminino); faremos Agni jorrar transpassando-a e esfregando à maneira antiga. Em ambos os lenhos jaz o conhecedor dos seres (Agni), igual ao gérmen bem posto nas mulheres grávidas [...]. Nelas, das quais abriu as pernas, entra feito um conhecedor (galho masculino).[10]

Quando o indiano acende o fogo, entoa uma oração sagrada, a qual se baseia num mito. Ele pega um pedaço de madeira com as palavras "Tu és o lugar do nascimento do fogo" e nele coloca dois talos de capim: "Vós sois os dois testículos". Depois, pega a madeira deitada: "Tu és Urvaśī". Depois, unge a madeira com manteiga, dizendo: "Tu és força". Daí, coloca-a sobre a madeira deitada e diz para o conjunto: "Tu és Purūravas", e assim por diante. Dessa maneira, ele concebe a madeira deitada, com a sua pequena cavidade, como representante da deusa receptora, e a madeira em pé como o órgão sexual do deus copulador. Sobre a difusão dessa representação, o conhecido etnólogo Leo Frobenius diz o seguinte:

Na Índia Antiga, a produção do fogo por fricção entre haste e base, como pode ser encontrada em muitos povos, representa o ato sexual. Quanto a isso, posso logo indicar que os antigos indianos não estão sozinhos

---

10 Schröder, L. von (1908). *Mysterium und Mimus im Rigveda* [Mistério e mimo no Rigveda]. Leipzig: Haessel, p. 260 ([N.E.]: Rank cita livremente a tradução de Schröder.)

nessa concepção. Os sul-africanos a veem do mesmo modo: chamam a madeira deitada de "vergonha feminina" e a em pé de "vergonha masculina". Em sua época, Schinz[11] já havia indicado isso com relação a algumas tribos. Desde então essa visão é muito difundida na África do Sul, e pode ser sobretudo encontrada nas tribos residentes no Oeste.[12]

Encontramos referências ainda mais claras à significação simbólico-sexual do acendimento do fogo no mito do roubo do fogo por Prometeu, cujo fundamento simbólico-sexual foi diagnosticado pelo mitólogo Kuhn.[13, 14] Como a saga de Prometeu, outras tradições associam a procriação ao fogo celeste, ao *relâmpago*. É o que expressa Otto Gruppe sobre a lenda de Sêmele, de cujo corpo em chamas nasce Dionísio.

---

11 Cf. Schinz, H. (1891). *Deutsch-Südwest-Afrika: Forschungsreisen durch die deutschen Schutzgebiete Gross-Nama- und Hereroland, nach dem Kunene, dem Ngami--See und der Kalaxari, 1884-1887* [Sudoeste Africano Alemão: viagens de pesquisa pelos protetorados alemães do Grande Nama e de Herero, ao Kunene, ao Lago Ngami e ao Kalahari, 1884-1887]. Oldenburg/Leipzig: Schulz, p. 165 [N.E.].

12 Frobenius, L. (1904). *Das Zeitalter des Sonnengottes* [A era do deus Sol]. Berlin: Reimer, pp. 338-ss.

13 Kuhn, A. (1859). *Herabkunft des Feuers und des Göttertranks: ein Beitrag zur vergleichenden Mythologie der Indogermanen* [A descida do fogo e a bebida dos deuses: uma contribuição à mitologia comparada dos indo-germânicos]. Berlin: Dümmler [N.T.].

14 Franz Felix Adalbert Kuhn (1812-1881) foi um dos fundadores da mitologia comparada. No volume *Über Entwicklungsstufen der Mythenbildung* [Sobre as etapas de desenvolvimento da formação dos mitos], publicado em 1873, apresenta uma metodologia de pesquisa sobre os mitos, por ele abordados como um fenômeno de linguagem relacionado a homofonias e polissemia [N.T.].

Sonho e mito

O nascimento de Baco [J. Matham, a partir de D. Vinckboons, 1616]

Gruppe aventa a possibilidade de que ela seria "talvez um resquício muito raro na Grécia de um tipo de lenda arcaica que diz respeito ao acendimento do fogo sacrificial", e que o seu nome "talvez tivesse designado primordialmente a 'bancada' ou a 'mesa', o lenho inferior (cf. Hesíquio de Alexandria, σεμέλη τράπεζα) [...] Na madeira macia desta última acende--se a faísca, em cujo nascimento a mãe abrasa".[15] Também na história miticamente floreada do nascimento de Alexandre, o Grande, indica-se que sua mãe, Olímpia, na noite de seu casamento, *sonhou* que uma forte trovoada lhe cercava e que *o relâmpago flamejante atingiu-lhe o regaço*; disso, então, um incontrolável incêndio irrompeu e desarvorou-se em labaredas mais e mais devastadoras.[16, 17] Posteriormente, passará a integrar também essas referências a famosa fábula do mago Virgílio, que se vinga de uma bela irredutível apagando todos os fogos da cidade e mandando os cidadãos só reacenderem na genitália da mulher nua exposta à vista.[18] Esse *mandamento* de acender o fogo contrasta com outras tradições, no sentido

---

15 Gruppe, O. (1906). *Griechische Mythologie und Religion-Geschichte* [Mitologia grega e história da religião] (Vol. 2). München: C.H. Becksche Verlagsbuchhandlung, p. 1415.

16 De modo similar, grávida de Páris, Hécuba sonha que dá à luz uma acha em brasa que incendeia toda a cidade (cf. a lenda do incêndio do templo de Éfeso na noite do nascimento de Alexandre).

17 Droysen, J. G. (1917). *Geschichte Alexanders des Großen* [A história de Alexandre, o Grande]. Berlin: Decker.

18 Cf. Ziolkowski, J. (2008). Virgil in the basket and Virgil's revenge [Virgílio no cesto e a vingança de Virgílio]. In *The Virgilian tradition* (J. M. Ziolkowski, M C. J. Putnam, org.) New Haven: Yale University Press, p. 874-874 [N.E.].

Sonho e mito

A cortesã castigada [G. Pencz, c. 1540]

da saga de Prometeu, como a *proibição* de fazê-lo: como o conto de Amor e Psiquê, no qual a esposa curiosa é proibida de acender a luz para não afugentar seu amante noturno; ou a narrativa de Periandro, que sob as mesmas condições era visitado todas as noites por sua mãe, que vinha até ele como amante desconhecida.[19]

Correspondendo ao lenho inferior, todo local para fogo — altar, lareira, forno, lamparina etc. — é então considerado símbolo feminino. É assim que, por exemplo, durante a Missa Negra, a genitália de uma mulher deitada e despida era utilizada como altar. Segundo Heródoto, Melissa, esposa morta de Periandro, vem comunicar-lhe uma predição, reforçando que ele "havia colocado seu pão num forno frio", o que para ele é um sinal de verdade confiável, "porque tinha realmente violado o cadáver da esposa".[20]

Fazem parte dessas, ao lado de inúmeros costumes nupciais relacionados ao fogo, também as narrativas burlescas sobre a luz da vida, muito difundidas no folclore e que utilizam abertamente a mesma simbologia sob a forma de uma roupagem onírica. Um homem sonha que São Pedro mostra-lhe no céu a luz de sua vida e da de sua mulher. Visto que a dele está chegando ao fim, tenta com o dedo derramar o óleo do candeeiro da mulher no seu. Faz isso repetidas vezes e, assim que São Pedro se aproxima, *crispa-se de susto* e acorda. Daí,

---

19 Cf. Partênio (2009). I. Parténio, *Paixões de Amor*, 17: II. "Sobre a Mãe de Periandro" (D. Leão, trad.). *Boletim de Estudos Clássicos*, (52), pp 21-27 [N.T.].

20 Heródoto (440-430 a.C./1964). Livro V – Terpsícore. In *História* (3a ed., J. B. Broca, trad.) (Vol. 2). Rio de Janeiro: Jackson, p. 49 [N.E.].

Sonho e mito

percebe que enfiara o dedo nas partes íntimas da mulher e, lambendo-o, havia deixado pingar em sua própria boca.[21] O conhecimento e a utilização desse simbolismo sexual também podem ser vistos na anedota segundo a qual o sacerdote se refere à genitália de uma moça como "luz da vida". "Ah, então agora entendo", diz ela, "por que hoje pela manhã meu namorado enfiou nela o pavio".[22] Inversamente, nos *Contes drolatiques* [*Contos picarescos*] de Balzac, para livrar-se de um padreco tarado, a amada do rei diz: "A cousa que o Rey ama inda não está prompta para receber os santos óleos".[23]

A significação sexual apodera-se gradualmente de tudo que entra em relação com o símbolo originário. A chaminé, através da qual a cegonha deixa cair a criança, torna-se um símbolo feminino; e o limpador de chaminés, por sua vez, um símbolo fálico[24], como ainda se pode ver em seu atual significado de sorte — porquanto a maioria dos nossos símbolos de sorte eram, originalmente, símbolos de fertilidade, como a ferradura (pegada de cavalo), a folha de trevo, a mandrágora, entre outros. Mesmo a nossa linguagem atual conservou muitas das simbologias do fogo: falamos em "luz da vida", em

---

21 Krauss, F. S. (1910). *Anthropophyteia* (Vol. 7). Leipzig: Ethnologischen Verlag, pp. 255-ss.

22 Krauss, F. S. (1910). *Anthropophyteia* (Vol. 7). Leipzig: Ethnologischen Verlag, p. 310. Cf. uma variante na p. 323.

23 Balzac, H. de (1900). *Les contes drolatiques*. Paris: Tallandier, p. 151 [N.E.].

24 O limpador de chaminés de Bergen canta: "De manhã cedo, limpo antes do café/ Da abadessa a chaminé" (Krauss, F. S. (1910). *Anthropophyteia* (Vol. 6). Leipzig: Ethnologischen Verlag, p. 5).

"arder" de amor, em "pegar fogo", no sentido de apaixonar-se, e designamos a amante como "fogosa".

De modo similar, outros símbolos podem ser acompanhados através de diferentes estratos de seu uso e compreensão.[25] Um símbolo especialmente significativo para a compreensão tanto dos sonhos quanto dos mitos e contos é a representação dos pais como pessoas da realeza ou que ocupam outra posição elevada. Os sonhos diurnos de um "romance familiar", que servem às ambiciosas fantasias do indivíduo, possibilitaram a compreensão de semelhantes fantasias coletivas de povos inteiros, e nos ensinaram a reconhecer personificações do pai nas pessoas poderosas que se opõem ao herói como inimigas, e por sua vez imagos da mãe nas mulheres das quais ele é privado. O rei e a rainha, sobre os quais falam quase todos os contos, raramente renegam seu caráter parental, e o mito do herói também se serve do mesmo meio de representação para poder saciar, irrepreensivelmente, as moções ambivalentes voltadas aos pais.

Como exemplo, citemos um conto tremendamente difundido, no qual a história inteira baseada em um sonho talvez indique sua relação com um material onírico típico. Esse conto, cujos paralelos ao redor do mundo Th. Benfey[26] perseguiu,

---

25 Sobre a simbologia da lavoura, cf. Rank, O.; Sachs, H. (1913). *Die Bedeutung der Psychoanalyse für die Geisteswissenschaften* [O significado da psicanálise para as ciências humanas]. Wiesbaden: Bergmann, pp. 15-ss.. Cf. também o belo livro de Dieterich: Dieterich, A. (1905/1913). *Mutter Erde* [Mãe Terra] (2a ed). Leipzig: Teubner.

26 Benfey, Th. (1892/1894). *Kleinere Schriften zur Märchenforschung* [Escritos bre-

começa com *o filho sonhando que será ainda mais distinto que o pai, isto é, que será imperador.* Esse sonho torna-o arrogante e rebelde, de modo que o pai, para quem ele não quer revelar a causa de sua conduta (isto é, o sonho), bate nele e o coloca para fora de casa. Ele chega então ao pátio do imperador, a quem igualmente não quer revelar seu segredo (o sonho) e, por conta disso, é aprisionado e condenado a morrer de fome. Contudo, consegue fazer um buraco na parede de seu calabouço e, assim, todas as noites ter relações com a princesa, que se apaixona por ele e o alimenta. Solucionando os complicados enigmas ou levando a cabo as mais penosas tarefas (lançamento de dardos etc.), de fato ele consegue, por fim, ganhar a mão da princesa, eliminar o pai dela (matando-o) e tomar posse de sua herança. Esse breve resumo, que só restitui as variantes mais frequentes da vasta ramificação da fábula, mostra suficientemente, contudo, que se trata do conhecido romance familiar dos ambiciosos, que eleva o pai (na fantasia) a imperador, e então o elimina para tomar seu lugar. Como demonstrou a investigação psicanalítica da formação das fantasias individuais e míticas, esse lugar significa, no fundo, a posse da mãe,[27] a qual é aqui substituída pela figura de uma irmã (a filha do rei). Seu significado maternal é, no entanto, completamente mantido graças ao seu papel de nutriz, que provém do mito do

---

ves sobre a pesquisa dos contos maravilhosos] (2a ed., A. Bezzenberger, org.) (Gesammelte kleinere Schriften, Vol. 3). Berlin: Reuther & Reichard.

27 Uma análise pormenorizada desse grupo de contos mostra com facilidade que as provas de força corporal dadas pelo herói (lançar dardos, beber e comer quantidades monstruosas, correr mais rápido que o pássaro) devem evidenciar a sua própria potência contra o pai.

enjeitamento, pertencente ao romance familiar. O ambiente familiar da nobreza não passa de um ideal de grandeza, servindo à deformação da própria família e da clivagem das pessoas, que em algumas versões vai ainda mais longe, servindo à ilibada satisfação de todas as paixões voltadas aos pais.

Uma das versões gregas citadas por Benfey,[28] a da história de Esopo, mostra que de fato o conflito com o pai pela posse da mãe representado na linguagem do inconsciente (imperador) encontra-se na base desse grupo de contos. Nela, Esopo ameaça de morte o filho adotivo Ainos, pelo fato de este último ter seduzido uma das concubinas do rei (= do pai). Para salvar-se e obter os favores do rei, Ainos falsifica uma carta de traição supostamente escrita por Esopo, graças à qual este último é atirado no calabouço e condenado à morte por Licurgo. Amigo seu, porém, o carrasco o salva, alimentando-o secretamente numa das sepulturas. Mas quando mais tarde o rei quer utilizar a habilidade de Esopo para resolver com astúcia tarefas difíceis contra o rei dos egípcios, ele lamenta o rápido sentenciamento. Esopo é então trazido de volta, ajuda o seu senhor contra o rei dos egípcios e é restituído à sua antiga posição, que nesse ínterim fora *ocupada por seu filho*. Este se enforca. Aqui, o conflito entre pai e filho — que, baseado no romance familiar, o conto ambienta em meio à realeza — é retransferido ao solo burguês da própria família e expressa diretamente que o filho conquistou uma das concubinas do rei (não sua filha).

---

28 Benfey, Th. (1892/1894). *Kleinere Schriften zur Märchenforschung* [Escritos breves sobre a pesquisa dos contos maravilhosos] (2a ed., A. Bezzenberger, org.) (Gesammelte kleinere Schriften, Vol. 3). Berlin: Reuther & Reichard, pp. 188-ss.

Sonho e mito

O mesmo conflito com o pai no âmbito da realeza é mostrado pelo drama de Calderón, cujo material é muito próximo daquele do anterior: *A vida é sonho*. Nele, a mãe sonha, antes do nascimento do filho, que este um dia subjugará o pai. Uma vez que ela morre durante o parto, o filho é levado a uma torre (prisão) solitária, onde não vê ninguém, exceto Clotaldo, que lhe traz comida e bebida (alimentação). Mais tarde, o rei se arrepende desse severo castigo e deseja fazer um teste que deve decidir se o filho é digno de ser herdeiro do trono. Dão-lhe um sonífero e ele é levado ao castelo, onde — depois de acordar — é venerado como herdeiro da coroa polonesa. Mas, por seu comportamento rude e irascível, ele se faz intragável e é — adormecido, de novo — levado de volta à sua torre. Ali acorda de um *sonho*, no qual murmura: Clotaldo deve morrer, e meu pai, ajoelhar-se diante de mim. Clotaldo lhe apresenta toda sua vivência como um *sonho*, do qual em seguida ele volta a si, livra-se de seus hábitos selvagens e é proclamado rei pelo povo. Por fim, de fato o pai se ajoelha à sua frente, mas o filho se mostra moderado e indulgente para com ele. Assim, os sonhos que introduzem essa narrativa anunciam um futuro profético aparentemente distante e inesperado, enquanto na realidade são apenas expressões simbólicas (imperador) das moções do complexo de Édipo, que na vida real também podem conduzir ao sucesso, ao poder, ao prestígio e à posse de um objeto sexual elevado. O sonho nos ensina, porém, que todas essas moções e fantasias dizem respeito, na verdade, aos genitores (pai).

Também aqui a história cultural mostra a verdadeira significação originária da relação aí presente, a qual depois só irá perpetuar-se em símbolo: que o pai, em circunstâncias primitivas, era realmente dotado da mais elevada e absoluta autoridade em relação à sua "família", e podia dispor do corpo e da vida dos "súditos". Sobre a origem do reinado a partir do patriarcado, o linguista Max Müller afirma:

> Quando a família começou a rebentar em Estados, então o rei tornou-se, em meio a seu povo, aquilo que o esposo e pai fora na casa: o senhor, o forte protetor.[29] Entre as diversas denominações para rei e rainha em sânscrito, uma delas é muito simples: pai e mãe. *Janaka*, que em sânscrito significa "pai", vem de *jan*, gerar; esta palavra também aparece no Veda como o nome de um rei muito conhecido. Ela diz respeito ao alemão arcaico *chuning*; em inglês, *king*. "Mãe" em sânscrito é *jani* ou *janī*; em grego, γυνή [gynḗ]; em gótico *qinō*; em eslavo, *zhena*; em inglês, *queen*. Originalmente, "rainha" também significa "mãe" ou "senhora" — e, assim, vemos como a linguagem da vida familiar gradualmente resulta na linguagem política do mais antigo Estado ariano, e como a irmandade da família torna-se a φρατρία [phrātríā] do Estado.[30]

---

29 *Pai* deriva de uma raiz *PA*, que não significa "gerar", e sim "proteger", "sustentar", "alimentar". O pai como gerador é denominado em sânscrito *janitár* (genitor). Cf. Müller, F. M. (1869). *Essays* [Ensaios] (Vol. 2). Leipzig: Engelmann, p. 20. ([N.E]: O trecho citado por O. Rank até a entrada desta nota de rodapé consiste numa livre citação de um excerto da p. 33 de Müller.)

30 Müller, F. M. (1869). *Essays* [Ensaios] (Vol. 2). Leipzig: Engelmann, p. 34.

Sonho e mito

Também hoje ainda segue viva nos usos da língua essa concepção do régio senhor e do suserano divino e espiritual. Em Estados menores, nos quais as relações do príncipe com seus súditos ainda é próxima, estes últimos chamam seu senhor de "pai da nação"; até mesmo para os povos do poderoso Império Russo o seu imperador é o "paizinho",[31] assim como em sua época o Átila (diminutivo gótico de *atta* = *pai*), do violento povo huno. O líder soberano da Igreja Católica, enquanto representante de Deus Pai na terra, é chamado de "Santo Padre" pelos fiéis e leva, em latim, o nome de "Papa" — com o qual nossas crianças ainda designam o pai.

Mas também numa fase posterior da formação da história cultural, as relações paternas manifestaram-se num grupo de contos maravilhosos imensamente difundido e vasto. Moções de ciúme fortes e malvistas logo são dirigidas ao irmão enquanto concorrente pelo amor da mãe, assim como na vida anímica individual o foram ao pai. Desse modo, os chamados *contos fraternos*, dos quais o tipo mais conhecido é o nº 60 dos Contos de Grimm,[32, 33] demonstram com toda clareza

---

31 Em russo, царь-батюшка [*tsar-bátiushka*], "czar-paizinho" [N.E.].

32 Os contos fraternos são tão amplamente difundidos e tão importantes para as pesquisas sobre mitos que Georg Hüsing utilizou-se deles para explicar a forma primordial de todas as formações míticas. Hartland reuniu os paralelos entre os contos fraternos em *The legend of Perseus*, uma obra em três tomos. ([N.E.]: Cf. Hartland, E. S. (1894-96). *The legend of Perseus: a study of tradition in story, custom and belief* [A lenda de Perseu: um estudo da tradição em histórias, costumes e crenças], 3 vols. London: Nutt.)

33 Grimm, J.; Grimm, W. (1812/1856). Die zwei Brüder [Os dois irmãos]. In *Kinder- und Hausmärchen* (Vol. 2, pp. 311-334). Göttingen: Dieterich [N.T.].

Dois irmãos [O. Ubbelohde, 1909]

a substituição do pai pelo irmão. A pesquisa comparada dos contos, associada à abordagem psicanalítica, permite descobrir uma cadeia fechada de elos ligando versões muito deformadas a versões pouco deformadas. Naquelas versões, ou seja, nas muito deformadas, um irmão surge como vingador do outro, enquanto nessas — menos deformadas — um pretende eliminar o outro para conquistar sua respectiva mulher. Com isso, ocorre que o irmão mais velho representa para o mais novo a posição do pai. A natureza sexual dessa rivalidade pode ser assegurada, sem deixar margem a qualquer suspeita, por um grupo de tradições que descrevem de forma desvelada a castração — insinuada simbolicamente, apenas, noutras ocasiões — do concorrente.[34]

A análise detalhada dessas tradições e outras similares permite reconhecer que nem todos os mitos entregam seu verdadeiro significado de maneira tão desvelada quanto a ingênua fábula de Édipo, e que as suas ofensivas moções de desejo subjacentes surgem, isso sim, em deformações e roupagens simbólicas, como a maioria dos nossos sonhos. Encontramos na formação dos mitos muitos mecanismos bem conhecidos a partir do estudo onírico, como a condensação, o deslocamento de afetos, a personificação de moções psíquicas e sua clivagem ou multiplicação, e por fim, novamente, a estratificação. Além disso, é ainda mais importante que, a partir da formação dos mitos, podemos indicar as tendências pelas

---

34 A lenda egípcia de Anúbis e Bata. Para mais detalhes, cf. Rank, O.; Sachs, H. (1913). *Die Bedeutung der Psychoanalyse für die Geisteswissenschaften* [O significado da psicanálise para as ciências humanas]. Wiesbaden: Bergmann, Cap. II.

quais esses mecanismos são acionados. Revertendo, com base nesse conhecimento, todas as deformações, chega-se por fim à *realidade psíquica* das fantasias inconscientes, que continuam a viver nos sonhos dos aculturados contemporâneos como outrora reinaram na realidade objetiva.

A pesquisa psicanalítica dos mitos apoiada na compreensão da vida onírica ultrapassa então o mero ponto de contato de uma simbologia compartilhada. Ela substitui a comparação superficial entre sonho e mito por uma abordagem genética, que permite compreender os mitos como restos deformados de fantasias desiderativas de toda uma nação — enquanto sonhos seculares, por assim dizer, da humanidade em sua juventude. Assim como o sonho diz respeito ao individual, o mito representa, em sentido filogenético, um pedaço da extinta vida anímica infantil. E é uma das mais brilhantes confirmações da abordagem psicanalítica reencontrar, em todo seu conteúdo, nas tradições míticas de tempos remotos, o conhecimento sobre a vida anímica inconsciente sorvido da psicologia individual. Especialmente o conflito basilar da vida anímica infantil, que é o comportamento ambivalente para com os pais e a família, com todas as suas multifacetadas relações (desejo de saber sexual etc.), mostrou-se o principal tema da formação dos mitos e um conteúdo essencial das tradições míticas. Eduard Stucken, um dos principais representantes da interpretação astral dos mitos, chega ao ponto de supor que todos os mitos eram, em última instância, mitos da criação. Psicanaliticamente, essa concepção se reduziria à curiosidade sexual infantil acerca dos processos envolvendo o nascimento, assim como às suas tentativas, projetadas no universo, de auferir o conhecimento. Especialmente os assim chamados *mitos dos pais do mundo*, os quais têm por conteúdo a violenta separação dos pais primevos pelo filho, parecem refletir todos os motes primários do complexo de Édipo infantil em sentido lato.[35]

O fato de que em inúmeros mitos, contos maravilhosos e antigas tradições encontram-se sonhos, com frequência detalhadamente expostos — de maneira que parecem presumir um espantoso conhecimento do simbolismo e das leis oníricas essenciais —, demonstra o quanto a vida onírica pode influenciar a formação dos mitos e de que maneira os seus antigos narradores sabiam utilizar o entendimento do sonho.

Do ponto de vista da psicanálise, certamente não pode ser encarado como um acaso que a maioria desses sonhos faz um uso abundante de simbologias sexuais. É assim que, na lenda de Ciro, um sonho é atribuído à mãe do herói durante a gestação, no qual dela jorra tanta água que toda a Ásia é inundada, como que numa grande enchente.[36] Quando ao longo da narrativa os intérpretes dessa visão associam-na com o iminente nascimento de uma criança — e sua futura grandeza —, eles

---

35 Cf. Rank, O. (1912). Die Welternmythe [O mito dos pais do mundo]. In *Das Inzest-Motiv in Dichtung und Sage*. Leipzig: Franz Deuticke, pp. 279-283. Cf. também: Lorenz, E. (1913). Das Titanen-Motiv in der allgemeinen Mythologie [O mote dos titãs na mitologia geral]. *Imago: Zeitschrift für Anwendung der Psychoanalyse auf die Geisteswissenschaften*, 2(1), pp. 22-72.

36 Além de Mandane, mãe de Ciro, o rei meda Astíages — pai dela e, portanto, seu avô — também tem um sonho referente ao futuro imperador persa: das costas de sua filha crescem videiras e suas gavinhas envolvem toda a Ásia. Convocados por Astíages, os magos interpretam o sonho como indicando a conquista da Ásia pelo filho de Mandane [N.T.].

O sonho de Astíages [anônimo, séc. 15]

parecem denunciar com isso o conhecimento da estratificação simbólica estabelecido pela psicanálise, segundo a qual, de acordo com seu conteúdo manifesto, tais sonhos vesicais nas mulheres podem ter um significado simbólico próximo de nascimento. Além disso, as lendas do dilúvio adequam-se ao significado de nascimento que possui o símbolo da água, ao qual sempre se encadeia uma regeneração do gênero humano.[37]

As *Etiópicas* (I, 18), de Heliodoro,[38] oferecem-nos outro exemplo notável pela indicação da realização do desejo. Durante o dia, o mandachuva Tíamis roubou Caricleia, junto com seu amado e outras vítimas, e lutou com a tentação de fazer sua a jovem moça à força.

> Depois de ter descansado a maior parte da noite, ele foi perturbado por sonhos erráticos. Subitamente perturbado em seu sono e embaraçado com a interpretação deles, entregou-se desperto aos seus pensamentos.

---

37 Cf. Rank, O. (1912). Die Symbolschichtung im Wecktraum und ihre Wiederkehr im mythischen Denken [A estratificação simbólica em sonhos que despertam e sua recorrência no pensamento mítico]. *Jahrbuch für psychoanalytische und Psychopathologische Forschungen*, 4(1), pp. 51-115. O modo como as nossas crianças tornam a dar vida a esse significado pode ser demonstrado pelo sonho de uma menininha comunicado por C. G. Jung: "Esta noite sonhei com a arca de Noé, e que lá dentro havia muitos bichinhos, e que a tampa se abriu, e que os bichinhos caíram todos pra fora" (Jung, C. G. (1910/2011). Sobre os conflitos da alma infantil. In *O desenvolvimento da personalidade* (V. do Amaral, trad.) (Obra completa, Vol. 17). Petrópolis: Vozes, p. 32).

38 Heliodoro de Emesa | Heliodor (220-370/1838) *Zehn Bücher über aethiopischer Geschichten* [Dez livros de histórias etíopes] (G. Tafel, C. Osiander, G. Schwab, org.; F. Jacobs, trad.). Stuttgart: Metzler, pp. 45-47.

Caricleia e Teágenes capturados por Tíamis [K. van Mander III, 1640]

Então, na hora em que os galos cantam[39] [...], por meio de um desígnio divino, veio até ele a seguinte visão onírica: quando visitava o templo de Ísis em Mênfis, sua cidade natal, este lhe pareceu como se estivesse todo *iluminado por tochas*. Os altares e fornalhas estavam repletos de animais diversos e *encharcados de sangue*, mas os *vestíbulos e corredores, cheios* de pessoas que preenchiam tudo com palmas e algazarra. Depois de entrar no santuário propriamente dito, a deusa veio em sua direção, entregou-lhe Caricleia e disse: "Entrego-te esta virgem, Tíamis. Possuindo-a não a possuirás; serás, antes, injusto e matarás a estrangeira, mas morta ela não será". Essa visão deixou-o em grande embaraço. Ele a revirou de todos os lados e procurou encontrar seu sentido. Como não conseguia auferi-lo, *adaptou a solução aos seus desejos*. As palavras "possuindo-a não a possuirás", ele interpretou: "Como esposa, e não mais como virgem". A expressão "Vais matá-la", associou à ferida da defloração, pela qual Caricleia não iria morrer. Desse modo, elucidou o sonho, em que o seu desejo constituiu o intérprete.[40]

Como aqui se trata da figuração de uma defloração simbólica, que aparece numa concepção sádica como morte, à qual também não falta sangue, o mesmo desejo numa roupagem

---

39 Sonhos tidos pela manhã eram considerados verdadeiros.

40 Embora o conteúdo desse sonho seja compreendido dessa maneira, não podemos deixar de perceber que ele, claramente oriundo de outro contexto (um velho oráculo parece encontrar-se em sua base), poderia ter tido outra significação originalmente.

simbólica, igualmente típica, também é demonstrado por um sonho similar em suas condições prévias, porém de uma tradição totalmente diferente. Saxão Gramático narra a seguinte história: em suas núpcias, Thyra insiste que seu cônjuge, Gormo, abstenha-se de se deitar com ela por três noites; ela não se entregará a ele enquanto, durante o sono, ele não tiver recebido um sinal de que o matrimônio será fértil. Sob essas estranhas condições, ele sonha o seguinte:

> Dois pássaros, um maior que o outro, descem voando sobre as partes íntimas de sua mulher (*prōlāpsōs*) e, vibrando os corpos, novamente alçam voo. Momentos depois, voltam e pousam nas mãos dele. Voam uma segunda e uma terceira vez, revigorados por um breve repouso (*recreātōs*), até que por fim o menor, separado do companheiro e com a plumagem ensanguentada (*pennīs cruōre oblītīs*), volta para ele. Assustado por essa visão e adormecido como estava, expressa o seu horror e enche a casa inteira com gritos altissonantes. Apesar disso, Thyra se mostra muito contente com o sonho e afirma que jamais teria se tornado sua noiva se não tivesse obtido dessas imagens de sonho a segura garantia de sua felicidade.[41]

Esse sonho de defloração, característico em todos os detalhes, é interpretado pela mulher, com leve deslocamento das moções de seu próprio desejo, como um sinal menos indecente

---

41 Gramático, S. | Grammaticus, S. (1886). *Gesta Danorum* [Os feitos dos dinamarqueses] (A. Hölder, org.). Straßburg: Trübner, pp. 319-320.

Sonho e mito

de que eles seriam abençoados com filhos. O pássaro aparece aqui claramente como um símbolo fálico, até mesmo com figurações particulares de seus diferentes estados (grande e pequeno). O movimento vibratório e, de maneira geral, o ritmo do sonho todo indica o coito intencionado; e seus detalhes característicos (uma segunda e uma terceira vez, revigorados por breves repousos), a desejada repetição. O pequeno, que, por fim, fica para trás sozinho e com as penas ensanguentadas, afasta qualquer sombra de dúvida sobre a sua significação. O medo no fim do sonho explica-se incontestavelmente como uma expressão da libido que o simbolismo do sonho não sacia por completo, e para a qual toda descarga está inibida.[42] Esse mecanismo corresponde plenamente a um caso análogo, conhecido por repetidas experiências, no qual o medo substitui a satisfação libidinal (polução) pretendida, mas inibida. Não posso me negar a comunicar um sonho de uma jovem senhora, impressionantemente análogo em sua simbologia e sonhado em condições muito similares.[43]

Um jovem esposo sexualmente excitado deseja praticar o intercurso com a mulher. No entanto, tendo em vista o inesperado advento da menstruação dela, tem de renunciar ao ato. Depois de rejeitar os pensamentos que lhe foram vindo acerca de outro modo de satisfazer-se, e de a esposa ter se demonstrado hostil perante uma vaga alusão a um desejo de felação, os

---

42 Cf. o medo no sonho da luz da vida, acima, p. 117

43 Cf. Rank, O. (1912). Aktuelle Sexualregungen als Traumanlässe [Moções sexuais atuais como motivações oníricas]. *Zentralblatt für Psychoanalyse*, *2*(8), pp. 596-602.

dois adormecem. Ambos têm então um sonho relacionado a essa vivência; e esses dois sonhos, sucedidos numa mesma noite, combinam tanto em termos de conteúdo *que parecem ter sido sonhados pela mesma pessoa.* Devo seu conhecimento não a certa abertura excepcional por parte dos cônjuges, mas sim ao seu desconhecimento do simbolismo onírico. Foi só posteriormente que, para uma melhor compreensão, as incidências sexuais anteriormente mencionadas me foram comunicadas, de modo a verificar a presumida leitura.

O sonho tido pela mulher — que naquela noite provavelmente deveria estar tão excitada quanto, porém com nojo de uma felação — acontece da seguinte maneira, a partir da anotação que o marido obteve a meu pedido:

> *Com a mão*, meu marido *botou para fora* de uma calha *rolinhas*[44] filhotes que ainda estavam molhadas e eu *disse que não era para ele fazer aquilo. Brinquei* com uma delas, *que já era maiorzinha*; ela *voou para a minha mão* e me *picou o dedo* com um *baita ferrão*, que parecia uma *tromba*[45] ou um *bico*, de modo que eu gritei: "Ai, não! Isso dói!" Então meu marido pegou uma das *rolinhas* filhotes e disse que *dava para comer*. Fiquei *com asco* e *vomitei*.

---

44 Em alemão, *Spatz* [pardal] — coloquialmente, o termo designa o pênis [N.T.].

45 Em alemão, *Schwanz* [rabo] — coloquialmente, o termo designa o pênis [N.T.].

Sonho e mito

A clareza da linguagem onírica,[46] que um comentário só faria prejudicar, ganha um interesse ainda mais especial na sua consonância em alguns detalhes com o sonho do marido. Entre esses, o vômito indica uma vivência vergonhosa para ambos, mas a picada no dedo aponta que, sim, manipulações autoeróticas ou mútuas das genitálias devem ter ocorrido.

As semelhanças são tão óbvias e se estendem tanto às condições prévias quantos aos detalhes, que é escusado enfatizá-las e discuti-las. Por outro lado, uma diferença importante não pode ser ignorada, a saber: que esse sonho, muito análogo ao primeiro, provém da *mulher*, enquanto em Saxão quem sonha é o *homem*. Porém, essa contradição perde sua aparente importância quando nos lembramos do exemplo que acabamos de comunicar, no qual, nas circunstâncias dadas, fica patente que ambas as pessoas envolvidas na situação possuem imagens oníricas equivalentes, e que, para uma versão[47] que

---

46 Num outro sonho, a mesma mulher apresenta a genitália masculina inteira (inclusive os testículos) em linguajar aviário, nos moldes dos falos alados da Antiguidade, os quais ela conhece: "Eu estava sendo perseguida por leões e tigres, e também *porcos* selvagens, que queriam me devorar e ter relações comigo. Fugi para me salvar; nessa altura, dois desses bichos já estavam *presos*. Então, subindo a encosta de um morro, cheguei a uma fazenda onde vi pássaros voando. Mas eu já havia *prendido* um belo *passarinho branco* numa gaiola. Tirei-o para fora, mostrei a todos e disse que aquele pássaro, que eu havia prendido fazia tempo, era meu. Daí, dos pássaros que estavam voando, *dois despencaram* do telhado; eu os apanhei, mas já estavam *totalmente baqueados*; então os apertei e *ficaram animados novamente. Estavam fundidos* e o que neles me chamou atenção foram, *para dizer a verdade, apenas* as *asas* coloridas". Os últimos detalhes ("fundidos" e "apenas as asas", em oposição ao outro pássaro inteiro) indicam inequivocamente, se é que ainda pode ter restado alguma dúvida, o modelo sexual desse sonho.

47 Cf. o desejo de Thyra por fertilidade que substitui o seu desejo sexual. Não

poupava o sentimento de vergonha feminino, seria de supor a atribuição do sonho — quase compartilhado — ao homem. A circunstância também depõe sobre o funcionamento de uma tendência suavizadora, uma vez que, após Saxão, outras versões, sem dúvida alguma influenciadas pela sua, voltam a atribuir o sonho à mulher — para isso, todavia, livrando-o de sua roupagem indecente. A partir da investigação conduzida por Benezé,[48] deduzimos que em *Salman und Morolf* [*Salman*

---

deixemos de mencionar que a verdadeira significação da fertilidade encontra expressão completamente diferente — e, em diversos aspectos, interessante — numa segunda versão da saga. Nela, Thyra ainda não está casada e, para tanto, coloca ao futuro esposo as seguintes condições: ele deve construir uma casa num lugar onde até então ninguém jamais esteve, dormir ali três noites e prestar atenção no que sonhar. Ele tem então três sonhos com três bois, o que informa Thyra acerca da carestia dos próximos três anos e a incita a tomar precaução quanto às provisões de cereais. Henzen — que, com razão, lembra aqui do sonho bíblico que o Faraó teve com sete vacas gordas e sete vacas magras — acentua "a perspectiva indogermânica arcaica subjacente, que tinha por predileção conceber o poder procriativo da natureza na imagem do touro e a fertilidade da terra na da vaca" (cf. em sânscrito *dhenú* = vaca e terra). Assim, o sonho do faraó também poderia basear-se num desejo de fertilidade humana, numa fantasia de potência. A excepcional condição exigida quanto ao aspecto novo da casa e o local de sua construção — que, outras vezes, parece configurar-se como um verdadeiro cerimonial (o aspecto intocado do lugar, do lençol, das roupas) — poderia aqui estar substituindo o aspecto intocado da moça. Aliás, ainda hoje impera a crença de que o primeiro sonho sonhado num ambiente novo se torna realidade. ([N.E.]: Henzen, W. (1890). *Über die Träume in der altnordischen Sagalitteratur* [Sobre os sonhos nas sagas nórdicas antigas]. Leipzig: Fock, p. 39.)

48 Benezé, E. (1897). *Das Traummotiv in der mittelhochdeutschen Dichtung bis 1250 und in alten deutschen Volksliedern* [O mote onírico na poesia do médio alto-alemão até 1250 e nas antigas canções folclóricas alemãs] (Sagen- und litterarhistorische Untersuchungen, Vol. 1). Halle: Niemeyer.

Sonho e mito

e Morolf],[49] uma epopeia de menestrel do médio alto-alemão,[50] podem ser encontrados sonhos similares, os quais, no entanto, mal podem ser reconhecidos como configurados a partir do modelo de Saxão. A esposa infiel de Salman busca fazer as pazes com o cônjuge narrando um sonho que ela supõe ser um presságio de gravidez. Conta-lhe que sonhou estar dormindo em seus doces braços quando dois falcões pousaram na mão dela. É de grande interesse o fato de que o sonho de Cremilda (no início da *Canção dos Nibelungos*) também se insere nesse contexto: ela sonha com um falcão forte, belo e selvagem, que ela atraiu para si — e que duas águias roubaram dela. Esse sonho, ainda mais deformado e racionalizado, em sua interpretação, aproxima-se estranhamente de seu sentido original, uma vez que não leva de modo algum em conta a significação de fertilidade, e identifica o pássaro diretamente ao homem esperado. A condição para a deformação onírica se dá aqui por meio do afastamento sexual da moça, que conscientemente nada quer saber do amor masculino. Algo similar acontece com o sonho de Gudrun na saga dos Volsungos (Cap. 25),[51] no qual ela vê uma ave de rapina com penas douradas em sua mão — interpretada como um filho que terá com o rei que a

---

49 [anônimo] (séc. 12/1880). *Salman und Morolf* (F. Vogt, org.) (Die deutschen Dichtungen von Salomon und Markolf, Vol. 1). Halle: Niemeyer [N.E.].

50 O termo *Spielmannsepos* ou *Spielmannsdichtung* denomina um grupo de poemas narrativos medievais alemães, aproximadamente do século XII. *Spielmann*, literalmente "homem que brinca", diz respeito aos trovadores saltimbancos aos quais esses poemas de caráter burlesco são atribuídos [N.T.].

51 [anônimo] (séc. 13/2009). *Saga dos Volsungos* (Th. B. Moosburger, trad.). São Paulo: Hedra [N.E.].

corteja e que irá amar muito. Segundo Mentz, "os pássaros encontram um emprego variado" nas epopeias populares francesas, "anunciando às mulheres o nascimento de crianças. Assim sendo, as sonhadoras sempre veem pássaros que saem de sua *boca* ou de seu *estômago* batendo as asas".[52] Na épica do médio alto-alemão, o falcão parece, com frequência, um pássaro que traz sorte e salvação, o que é uma derradeira ressonância de sua função simbólica de prazer sexual e fecundidade.

Por fim, entre sonho e pesquisa dos mitos há ainda por mencionar uma notável relação, a qual só poderia ter crescido em solo psicanalítico. Há sonhos que, para figurar situações psíquicas atuais, utilizam justamente a matéria de contos dos quais se tomou conhecimento na infância. Nesses casos, a análise frequentemente revela, junto ao fundamento do uso individual do mote, também a sua significação geral, que se mostra valiosa em termos mitológicos. Os pacientes neuróticos, que conservaram atitudes primitivas muito mais claramente que os normais, com frequência indicam dessa forma o caminho tomado pelos criadores das fantasias coletivas em suas produções. Assim, Freud relata o caso de um rapaz que narrou um sonho de medo, tido aos cinco anos de idade, envolvendo sete lobos.[53] O resultado da análise foi que o sonho se conecta ao

---

52 Mentz, R. (1888). *Die Träume in den altfranzösischen Karls- und Artus-Epen* [Os sonhos nas épicas antigas francesas de Carlos e Arthur]. Marburg: Elwert, p. 64; grifos de O. Rank [N.E.].

53 Cf. Freud, S. (1918/2010). História de uma neurose infantil. In *História de uma neurose infantil (O homem dos lobos), além do princípio do prazer e outros textos* (pp. 13-160, P. C. de Souza, trad.) (Obras completas, Vol. 14). São Paulo: Companhia das Letras [N.T.].

conto do lobo e os sete cabritinhos,[54] e que tem como conteúdo o medo do pai, como o mito — subjacente ao próprio conto — de Cronos, que é emasculado por Zeus, seu filho caçula.

Também aqui se verifica a perspectiva fundamental da psicanálise, de que as mesmas forças pulsionais inconscientes concorrem de modo crucial para a produção das primorosas atividades anímicas normais, patológicas e sociais, tanto do indivíduo quanto do povo; e de que, por conta disso, ao alcançar o humano universal na vida anímica, o conhecimento de uma é capaz de contribuir para a compreensão da outra.

---

54 Grimm, J.; Grimm, W. (1812/1856). Der Wolf und die sieben jungen Geißlein [O lobo e os sete cabritinhos]. In *Kinder- und Hausmärchen* (Vol. 2, pp. 26-29). Göttingen: Dieterich [N.E.].

O lobo e os sete cabritinhos [H. Vogel, c. 1910]

Posfácio

Os profetas da psicanálise

CAMILA DE MOURA (1989-) nasceu em Brasília, é escritora, tradutora e pesquisadora. É mestre em Filosofia pela Universidade Federal do Rio de Janeiro e doutoranda em Letras Clássicas pela Universidade de São Paulo, onde atualmente desenvolve uma pesquisa sobre antigas *Vidas* de poetas gregos, financiada pela Fundação de Amparo à Pesquisa do Estado de São Paulo. Integra a equipe editorial do periódico acadêmico *Codex: revista de estudos clássicos*, além de colaborar regularmente com diversas editoras. Publicou poemas, prosas curtas, fotografias e traduções em revistas e suplementos impressos e virtuais, como *Cult, Rosa, Garupa, Ruído manifesto, Escamandro,* entre outros. Assina as traduções de *Dark Deleuze*, de Andrew Culp (GLAC Edições, 2020), e *Contra a hidra capitalista*, do Subcomandante Insurgente Galeano (n-1 Edições, 2021). Atualmente, vive e trabalha em São Paulo.

Os profetas da psicanálise

Os profetas da psicanálise

Camila de Moura

"Sono é o deus mais amado pelas Musas", afirma Pausânias, viajante, geógrafo e escritor grego nascido na Lídia, referindo-se a um altar nas cercanias da cidade de Trezena, onde eram feitos sacrifícios conjuntos a essas divindades.[1] Sua obra *Descrição da Grécia*, datada do século II d.C., é a principal fonte de que dispomos para imaginar o mundo helênico nos primeiros séculos da era cristã, um mundo onde ainda vicejavam as grandes instituições pagãs da Antiguidade mediterrânea, seus templos, seus centros de cura, suas estradas, seus poemas, seus deuses, seus mitos, sua língua e seus palácios.

Um mundo, não obstante, em vias de desaparição, ombreado pela violenta e prolongada purga que teria início com a adoção do cristianismo como religião de Estado, no Império Romano do século IV d.C. Seu testemunho sucinto, mas valioso, dessa relação privilegiada entre o deus Sono (irmão ou pai

---

1 *Descrição da Grécia* 2, 31.5. Pausânias | Pausanias (séc. 2 d.C./1979). *Guide to Greece. Vol. I – Central Greece* (P. Levi, trad.). Londres: Penguin Books, p. 204.

dos Sonhos, segundo Hesíodo ou Ovídio) e as Musas (filhas da Memória, que falavam pela boca do poeta das gestas), embora evoque inúmeras relações conceituais mais sutis, corresponde a uma visão de mundo que seria, em grande medida, soterrada na Europa dos séculos seguintes. Atravessada sucessivamente pelo neoplatonismo católico, pela sobriedade lúgubre da Reforma e pela racionalidade axiomática do século das Luzes, o lugar reservado ao sonho nessas paragens foi sendo radicalmente reduzido. Os sonhos antigos, reveladores de grandes destinos, acesso privilegiado à voz dos deuses, restaram como meros fragmentos literários, e as narrativas e visões noturnas, que acossam a humanidade desde seus primórdios, ficaram relegadas à condição de ornamentos supérfluos.

É nesse contexto de uma Europa aburguesada e afastada peremptoriamente de suas raízes pagãs que nasce a moderna teoria psicanalítica dos sonhos, encampada pelas obras seminais de Sigmund Freud, em especial *A interpretação dos sonhos*, publicada originalmente em 1899, e "Sobre os sonhos", de 1901. Entre os trabalhos que se seguem às publicações de Freud estão esses dois textos de Otto Rank, seu colaborador de longa data e membro de primeira hora da Sociedade Psicanalítica de Viena.

"Sonho e poesia" e "Sonho e mito", datados originalmente de 1914, foram escritos como capítulos complementares à *Interpretação*, e integraram o corpo do livro entre a quarta e a sétima edições (de 1914 a 1929), nas quais o nome de Rank figurava logo abaixo do de Freud. Há, nos trabalhos de ambos os autores, as tonalidades de uma verdadeira redescoberta — como se a "convicção de que na vida onírica estaria a chave para o conhecimento da alma humana",[2] central para as sociedades antigas e escamoteada por quase um milênio, fosse agora novamente trazida à tona. Não se trata, porém, de uma operação arqueológica, da exibição de um conhecimento acabado como um artefato para a contemplação dos curiosos, mas da retomada de um modo de investigação com vistas ao desenvolvimento de uma nova teoria, calcada, sobretudo, no adventício conceito de *inconsciente*.

Se, por um lado, os cientistas e os intelectuais da modernidade recusavam-se a encarar os sonhos como objeto relevante de estudo, a assim chamada superstição popular, como um nervo oculto que ainda pulsava na penumbra dos becos apesar de sua perseguição sistemática, nunca deixou de reconhecê-los como um acesso crucial e uma ferramenta poderosa para a resolução de conflitos e a tomada de decisões. O preço dessa sobrevivência foi o descrédito e a precariedade. Trata-se, como diz Rank, de "uma milenária e popular preconcepção [acerca dos sonhos] sancionada, por fim, pela psicologia".[3] Nesse longo período de ocaso da indagação pelo sentido e pela função dos sonhos, porém, conforme Rank busca demonstrar meticulosamente, essas perguntas contaram com guardiões incansáveis que não as permitiram desaparecer por completo. Guardiões postados a meio caminho entre as tradições populares e os novos e lustrosos edifícios da ciência. Trata-se, como é evidente, dos poetas.

---

2 Cf. neste volume: Rank, O. (1914) Sonho e poesia, p. 42

3 Cf. neste volume: Rank, O. (1914) Sonho e poesia, p. 42

Os profetas da psicanálise

Em "Sonho e poesia", é sobretudo da literatura de expressão alemã dos séculos XVIII e XIX que Rank toma seus
exemplos. Johann Wolfgang von Goethe (1749-1832), Christian Friedrich Hebbel (1813-1863), Jean Paul (1763-1825),
Nikolaus Lenau (1802-1850), E. T. A. Hoffmann (1776-
1822), Friedrich Nietzsche (1844-1900) e Gottfried Keller
(1819-1890) são alguns dos nomes que evoca seguidamente.
Também há menções a William Shakespeare (1564-1616),
Geoffrey Chaucer (~1343-1400), Pedro Calderón de la Barca
(1600-1681), Charles Dickens (1812-1870), Homero (séc. 9-8
a.C.), Sófocles (séc. 5 a.C.), Ovídio (43 a.C.-17 d.C.), entre
outros, mas trata-se de instâncias pontuais no conjunto. Ao
traçar um tal panorama da literatura alemã das décadas que o
antecedem, Rank pinta um verdadeiro pano de fundo literá-
rio para o surgimento da teoria psicanalítica — para tanto, o
autor traz à baila poemas líricos e narrativos, páginas de diários, entrechos ficcionais e textos filosóficos, num *pot-pourri*
de ritmos bastante desafiador à tradução. Além disso, o período destacado é provavelmente um dos momentos de maior
descrédito do sonho entre intelectuais de diferentes campos.
Freud comenta o descaso com que a matéria era tratada pelas
ciências biomédicas:

> a maioria dos médicos sustenta uma concepção em
> que os sonhos mal têm o valor de um fenômeno psí-
> quico. [...] O sonho é caracterizado como "um proces-
> so somático, sempre inútil e muitas vezes patológico"
> (Binz). Todas as peculiaridades da vida onírica são
> explicadas como resultantes do trabalho desconexo,
> obtido por estímulos fisiológicos, de diferentes órgãos

ou de grupos de células do cérebro, que no mais se acha imerso no sonho.[4]

De fato, a teoria de Freud seria em grande medida rejeitada e vilipendiada pelos cientistas de seu tempo, que o condenariam a um prolongado ostracismo. Apenas nas últimas décadas do século XX, suas teses começariam a ser verificadas e admitidas como hipóteses de trabalho pela neurociência.

Assim, é ainda mais impressionante que, nos excertos analisados por Rank, poetas e escritores demonstrem um conhecimento tão agudo do trabalho onírico tal qual o descreveria a teoria psicanalítica, conhecimento que Rank qualifica de "intuitivo".[5] Atentos à continuação das ideias diurnas no sonho, à satisfação nele de desejos reprimidos na vigília, ao papel preponderante das memórias da infância na sua composição, ao seu papel de "guardião do sono", ao mecanismo de compensação, à configuração do sonho de angústia, entre outros atributos fundamentais da operação onírica, a montagem de Rank não deixa margem à dúvida: há ali um conhecimento consistente, embora latente e não sistematizado.

Como isso foi possível? "[O poeta] chegou a esse saber por um caminho que não é empírico, tampouco especulativo", afirma Rank.[6] Para compreendê-lo, será preciso, talvez, retor-

---

4 Freud, S. (1901/2021). Sobre os sonhos. In *Psicopatologia da vida cotidiana e sobre os sonhos* (Obras completas, Vol. 5) (P. C. de Souza, trad.). São Paulo: Companhia das Letras, pp. 379-380.

5 Cf. neste volume: Rank, O. (1914) Sonho e poesia, p. 69.

6 Cf. neste volume: Rank, O. (1914) Sonho e poesia, p. 69.

nar àquela literatura que foi seu alimento constante, à antiga literatura mediterrânea, desde a qual é possível acessar um mundo onde as narrativas oníricas adentravam efetivamente a vida comunal, onde poesia e pensamento estavam imbricados, onde ao poeta, como ao sonho, atribuía-se a alcunha de profeta — porta-voz dos deuses ou do inconsciente.

* * *

Como se sabe, o sonho é matéria da poesia desde as suas primeiras raízes visíveis. Nos poemas em língua suméria, cujos primeiros registros escritos datam do quarto milênio a.c. e são considerados os mais antigos do mundo, há fartos exemplos de sonhos, interpretados, em geral, numa chave oracular, profética ou premonitória.

Em 1849, foram encontradas, no Iraque, as primeiras tabuinhas da *Epopeia de Gilgámesh*, texto de grande circulação na Antiguidade, cujas primeiras versões conhecidas datam do século XXIX a.C. No poema, a população da antiga cidade de Uruque dirige queixas aos deuses devido ao comportamento autocrático e excessivo de seu rei, Gilgámesh, que exigia se deitar com as mulheres recém-casadas antes de seus maridos, perturbava e acossava os jovens da cidade. Os deuses, então, decidem criar um companheiro à sua altura, um herói igualmente poderoso que pudesse fazer-lhe frente e equilibrar seus impulsos. Gilgámesh tem então dois sonhos e pede à sua mãe, a deusa Nínsun, que os interprete. No primeiro sonho, estrelas despenham do céu ao redor do herói, que se agarra a uma delas e tenta movê-la, mas é incapaz de fazê-lo apesar de sua grande força. O povo então se aglomera ao redor da rocha caída em adoração. A mãe de Gilgámesh interpreta seu sonho: "Vem para ti um forte companheiro, amigo salvador,/ Nesta terra é ele que rija força tem,/ Como uma rocha de Ánu é sua rija força. [...]/ É bom, é precioso o teu sonho!".[7]

O segundo sonho é quase idêntico ao primeiro, com a diferença de que o objeto de adoração do povo e do amor de Gilgámesh é um imenso machado, e a interpretação que Nínsun lhe confere é a mesma. De fato, logo chegará a Uruque o herói Enkídu, seu rival e companheiro, a quem Gilgámesh "amará como a uma esposa". Esse é apenas um dos muitos episódios da epopeia guiados por sonhos premonitórios, sendo especialmente expressivo pela transparência do seu simbolismo e pelo excelente estado de preservação do texto.

Nos poemas épicos da Grécia antiga, cerca de 2 mil anos mais recentes que a *Epopeia de Gilgámesh*, vigora uma importante distinção entre sonhos verdadeiros, ou reveladores, e sonhos falsos, ou enganosos. Segundo o mito contado por Penélope na *Odisseia* de Homero, os sonhos noturnos vêm aos humanos por dois portais distintos, um feito de marfim e o outro, de chifre: "Os sonhos, pois, que nos vêm através do marfim trabalhado,/ são aparência enganosa e nos falam de coisas vazias;/ mas os que vêm através dos batentes de chifre polido,/ para os que veem, verdade anunciam de coisas futuras".[8]

---

7 Tabuinha 2. Sin-Léqi-Unnínni. (séc. 13 a.C./2019). *Ele que o abismo viu: Epopeia de Gilgámesh* (J. L. Brandão, trad.). São Paulo: Autêntica, p. 53.

8 *Odisseia* 19, 560-69. Homero. (~séc. 8 a.C./2011). *Odisseia* (C. A. Nunes, trad.). São Paulo: Hedra, pp. 323-324.

Os profetas da psicanálise

No segundo canto da *Ilíada*, por exemplo, Zeus envia a Agamêmnon um sonho do tipo enganoso, daqueles que atravessam na madrugada o portal de opaco marfim. Cumprindo a promessa feita à deusa Tétis, mãe de Aquiles, Zeus envia ao supremo general dos gregos um falso sonho de vitória com a intenção de que o exército, cada vez mais frustrado em seus esforços, se visse forçado a implorar pelo retorno do amargurado Aquiles ao campo de batalha. O sonho aqui aparece divinizado, e Zeus lhe comanda diretamente: "Vai, Sonho falso, até às naves velozes dos homens Acaios…". O Sonho então toma a forma de Nestor, conselheiro de Agamêmnon, e se dirige ao general adormecido, incitando-o a reunir seus exércitos:

> Dormes, Atrida prudente e viril […]?/ Não fica bem para um príncipe em quem todo o povo confia/ e de quem tudo depende, dormir, sem parar, toda a noite./ […] da parte de Zeus sou mandado,/ […] Manda que aprestes os homens Aquivos, de soltos cabelos,/ sem perder tempo; é o momento, talvez, de expugnar a cidade/ ampla dos homens Troianos.[9]

Por fim, o Sonho adverte Agamêmnon para que ele não se esqueça do que lhe foi dito ao despertar: "Retém na memória todo este recado;/ não aconteça o esqueceres, no instante de o sono deixar-te".[10]

---

9 *Ilíada* 2, 23-31. Homero. (~séc. 8 a.C./2001). *Ilíada* (C. A. Nunes, trad.). Rio de Janeiro: Ediouro, p. 78.

10 *Ilíada* 2, 34-5. Homero. (~séc. 8 a.C./2001). *Ilíada* (C. A. Nunes, trad.). Rio de Janeiro: Ediouro, p. 78.

Conforme observa E. R. Dodds em *The greeks and the irrational* [*Os gregos e o irracional*], em Homero, o sonho é quase sempre uma figura que existe objetivamente no espaço, um deus, um fantasma ou uma aparição, que muitas vezes se dirige ao sonhador referindo-se ao fato de que este dorme. "Tudo isso guarda pouca semelhança com nossa própria experiência onírica, e os estudiosos têm se inclinado a considerá-lo, como tanto mais em Homero, como mera 'convenção poética'".[11] Em seguida, Agamêmnon reúne o conselho e a assembleia dos gregos e lhes relata seu sonho. Nestor toma a palavra para dizer que o sonho deve ser verdadeiro, pois foi sonhado por Agamêmnon: "Se qualquer outro dos Argivos houvesse contado este sonho,/ de mentiroso eu o tachara, sem dar-lhe importância nenhuma./ Mas quem afirma que o viu é o mais nobre dos chefes Acaios".[12] Artemidoro de Daldis, contemporâneo de Pausânias e autor da mais antiga *Oneirocritica* ("interpretação dos sonhos") a ter alcançado os nossos dias,[13] questiona a interpretação do sonho de Agamêmnon na *Ilíada*, afirmando que um sonho individual, mesmo que sonhado pelo mais eminente dos pastores de povos, não poderia influir num destino coletivo — para que um sonho tenha esse poder,

---

11 Dodds, E. R. (2020). *The Greeks and the Irrational*. Boston: Beacon Press, p. 105.

12 *Ilíada* 2, 80-2. Homero. (~séc. 8 a.C./2001). *Ilíada* (C. A. Nunes, trad.). Rio de Janeiro: Ediouro, p. 80.

13 Muitos tratados com o mesmo título são citados em textos supérstites, atestando a ampla disseminação desse gênero de investigação no mundo greco-romano dos primeiros séculos.

Os profetas da psicanálise

afirma o autor, ele deve ser sonhado simultaneamente por diversos membros de uma comunidade.[14]

Entre os sonhos premonitórios, Artemidoro distingue os que comunicam diretamente sua previsão daqueles cujo significado encontra-se cifrado numa chave alegórica, exigindo posterior interpretação. Entre os sonhos do segundo tipo, destaca-se um registrado pelo tragediógrafo ateniense do período clássico. As peças de Ésquilo que compõem a trilogia conhecida como *Oréstia* ou *Oresteia* ("saga de Orestes") narram o retorno vitorioso do rei Agamêmnon a Micenas após a Guerra de Troia; seu subsequente assassinato pela rainha Clitemnestra, que há mais de uma década nutria um fervoroso ódio pelo marido devido ao sacrifício de sua filha primogênita; o retorno de Orestes para vingar a morte do pai; a consumação da vingança e a sua absolvição final pelo voto de Atena.

Na segunda peça da trilogia, as *Coéforas* ("portadoras de libações"), Orestes matará a própria mãe com a ajuda de sua irmã Electra e de um companheiro. Antes que o ato seja perpetrado, o coro de troianas cativas descreve para Orestes o sonho terrível que havia tomado a rainha de assalto na noite anterior: "Pareceu-lhe parir serpente, ela mesma fala./ [...] Atou[-a] com faixas como a uma criança/ [...] [E] ela mesma lhe deu o seio no sonho/ [...] Sorveram-se com leite coágulos de sangue".[15] Prestes a ser morta pelas mãos de seu filho, Cli-

---

14 Artemidoro | Artemidorus. (séc. 2 d.C./2012) *Oneirocritica* (D. Harris-McCoy, trad.). Oxford: Oxford University Press, pp. 53-55.

15 *Coéforas* 527-33. Ésquilo. (450 a.C./2004). *Coéforas* (J. A. A. Torrano, trad.). São Paulo: Iluminuras / FAPESP, p. 109.

temnestra sonha que embala uma serpente como se fosse um bebê e lhe oferece seu peito. Já não estamos aqui no campo das mensagens oníricas literais e diretas a serem interpretadas numa chave simples de verdadeiro ou falso; o que chama a atenção, nesse caso, é a intensidade do simbolismo onírico, que permite variadas interpretações.

A tragédia clássica ateniense modula a tensão da cena em relação à expectativa da audiência, a qual, tipicamente, já conhece o desfecho do mito. Assim, para os espectadores ou leitores de Ésquilo, é evidente a relação entre a serpente do sonho e o matricida Orestes. Porém, conforme destaca De Paoli, a serpente era um animal associado tradicionalmente aos mortos e às divindades ctônicas, razão pela qual os adivinhos do palácio de Micenas associam-na primeiramente ao falecido rei Agamêmnon.[16] Assim, ao interpretarem o sonho segundo uma chave simbólica fixa, os adivinhos falham em prever a vingança de Orestes, para a qual há mesmo tantas evidências que não seria sobrenatural adivinhá-la. Quem, por fim, interpreta adequadamente o sonho é o próprio Orestes ao ouvi-lo das cativas:

> Interpreto-o de modo a ser congruente:/ se surgiu do mesmo lugar que eu/ a serpente e enfaixada como criança/ abocanhava o seio que me nutriu/ e mesclou leite a coágulos de sangue/ [...] deve / ter morte

---

16 De Paoli, B. C. (2015). *A adivinhação na tragédia de Ésquilo*. Tese de doutorado apresentada ao Departamento de Pós-Graduação em Letras Clássicas da Universidade de São Paulo, p. 236.

violenta e tornado serpente/ eu mato-a — como conta este sonho.[17]

Assim, a argúcia de Orestes parece dar um novo e inusitado sentido àquele trecho em que Hebbel, segundo Rank, desvenda o funcionamento do sonho divinatório: "Como o sonho poderia dizer-te o que acontecerá contigo?/ Agora o que vais fazer, isso sim pode mostrar-te".[18] Imiscuem-se, assim, desejo e destinação trágica. Nota-se que a classificação de Artemidoro citada no primeiro capítulo de *A interpretação dos sonhos*,[19] embora pressuponha o caráter oracular das visões oníricas, encontra continuidade na classificação do próprio Freud em "Sobre os sonhos". Nesse texto, o autor diferencia os sonhos "que têm sentido e são compreensíveis" dos que, "embora tenham sentido claro, causam estranheza", dos que parecem "incoerentes, confusos e absurdos",[20] assinalando a crescente complexidade do trabalho interpretativo de um caso a outro.

Muitos outros sonhos poderiam ser mencionados para ilustrar a riqueza dessas tradições e a complexidade do trabalho interpretativo de que dão testemunho. Mas os sonhos não foram apenas tema da literatura antiga. Outra aproximação

---

17 *Coéforas* 542-50. Ésquilo. (450 a.C./2004). *Coéforas* (J. A. A. Torrano, trad.). São Paulo: Iluminuras / FAPESP, pp. 109-111.

18 Cf. neste volume: Rank, O. (1914) Sonho e poesia, p. 60.

19 Freud, S. ([1899]1900/2019]). *A interpretação dos sonhos* (Obras completas, Vol. 4) (P. C. de Souza, trad.). São Paulo: Companhia das Letras, pp. 26-27.

20 Freud, S. (1901/2021). Sobre os sonhos. In *Psicopatologia da vida cotidiana e Sobre os sonhos* (Obras completas, vol. 5). (P. C. de Souza, trad.). São Paulo: Companhia das Letras, pp. 390-391.

entre sonho e poesia pode ser aventada baseando-se na leitura de algumas *Vidas* de poetas, nas quais as visões oníricas, em sua dimensão oracular, assumem um papel fundamental na descoberta da vocação de importantes poetas da Antiguidade greco-romana.

Na *Vida de Píndaro*, por exemplo, conta-se que Píndaro, ainda criança, tivera um sonho no qual via sua boca cheia de favos de mel, e que por isso havia decidido se dedicar à poesia.[21] No mundo grego, o mel e as abelhas eram usados correntemente para designar a arte poética e seus oficiantes, o que aponta para uma interpretação do sonho segundo uma chave fixa. Estamos aqui no campo tratado mais extensamente em "Sonho e mito", texto em que Rank investiga o "conjunto de forças pulsionais inconscientes" que atuam na formação simbólica dos sonhos e das narrativas míticas.[22] Como se sabe, as *Vidas* antigas — e Rank faz menção, entre outras, às *Vidas* de Alexandre e ao *Romance de Esopo* — eram textos, em grande medida, ficcionais, escritos por vezes séculos depois do tempo de vida dos sujeitos retratados. Nesse contexto, os sonhos provavelmente atendiam a uma finalidade retórica, sancionando essas narrativas por meio de uma chancela divina e conferindo excepcional coerência à vida de sujeitos ilustres. Porém, em

---

21 *Vida de Píndaro* (*Vita ambrosiana*) 1.10. Cf. minha tradução para o texto em: De Moura, C. (2022). As *Vidas* de Píndaro, *Rónai – Revista de estudos clássicos e tradutórios*, Edição Especial ("Vitae: construções em torno da ideia de biografia na Antiguidade e sua recepção") pp. 103-124. Utilizou-se como texto de base: Drachmann, A. B. (1903/1997). *Scholia in Olympionicas* (Scholia vetera in Pindari carmina, Vol. 1). Leipzig: Teubner.

22 Cf. neste volume: Rank, O. (1914) Sonho e mito, p. 109.

Os profetas da psicanálise

relação aos sonhos como à ficção, vige a antiga sentença: *se non è vero, è ben trovato*.

Ainda que a história seja inverídica, não é difícil imaginar que sonhos de tal teor se produzissem em circunstâncias semelhantes entre indivíduos especialmente criativos. Numa sociedade em que as narrativas oníricas são tornadas públicas e representadas tão intensamente, tais práticas e crenças certamente influenciavam a conformação e os motivos oníricos, bem como a sua recordação, transmissão e fixação. O problema é análogo, por exemplo, àquele descrito por Freud a respeito dos contos de fadas, que, em alguns casos, modelam inconscientemente as memórias infantis.[23] Curiosamente, ao tratar do tema, Rank assinala a "ingênua sabedoria" com que os antigos acreditavam que "os deuses concediam em sonho o dom da poesia a mortais privilegiados", tomando o registro poético por seu valor de face.[24]

Cabe observar, ainda, que o sonho é entendido, em sua relação com o oráculo, como um *enigma* que exige interpretação posterior, com fins, nesse caso, à tomada de uma decisão

---

23 Freud, S. (1913/2010). Sonhos como material de contos de fadas. In *Observações psicanalíticas sobre um caso de paranoia relatado em autobiografia (O caso Schreber), artigos sobre técnica e outros textos* (Obras completas, Vol. 5) (pp. 291-300, P. C. de Souza, trad.). São Paulo: Companhia das Letras.

24 Cf. neste volume: Rank, O. (1914) Sonho e poesia, p. 84. Tendemos aqui à hipótese de Dodds, que afirma: "Acredito […] que quando Hesíodo nos conta como as Musas falam com ele no Monte Hélicon, não se trata de uma alegoria ou de um ornamento poético, mas de uma tentativa de expressar uma experiência real em termos literários." (Dodds, E. R. (2020). *The Greeks and the Irrational*. Boston: Beacon Press, p. 177).

individual. Para além do caráter divinatório, fica evidente a operação de *condensação* (*Verdichtung*, palavra que à primeira vista parece conter o radical de *Dichtung*, "poesia" ou "literatura") envolvida no trabalho do sonho, operação característica também da sintaxe poética e oracular — os oráculos gregos, afinal, eram proferidos em hexâmetros, versos metrificados característicos da poesia épica. Não é casual, portanto, que o poeta arcaico assumisse frequentemente a alcunha de *profeta*. Tal epíteto está associado à sua condição de "porta-voz" (no original, em grego, προφήτης [*prophétēs*]) das Musas e dos deuses, que "através [dos poetas] se fazem ouvir por nós", conforme afirma Sócrates no *Íon* de Platão.[25] Se no assento dos deuses pusermos o inconsciente, acaso não seria possível transpor a fórmula em sua inteireza?

De Píndaro é também uma das sentenças mais célebres a respeito dos sonhos, e que ilustra a extrema sofisticação do pensamento poético tardo-arcaico. Na *Pítica* 8, Píndaro evoca o tema tradicional da reversibilidade da sorte humana com estas inesquecíveis palavras: "Criaturas de um dia! O que é alguém? O que não o é? O homem é a sombra de um sonho".[26] Sonho e realidade como instâncias reversíveis, a efêmera realidade dos sentidos... Quantas questões filosóficas fulcrais se amalgamam no condensado da ode! Questões pertinentes àquela "penumbra" da razão antiga, ora alçada por Freud e

---

25 Platão. (380 a.C./2011). *Íon* (C. Oliveira, trad.). Belo Horizonte: Editora Autêntica, p. 41.

26 *Pítica* 8, 95-6. Píndaro | Pindar (séc. 5 a.C./1997). *Olympian Odes. Pythian Odes*. (W. H. Race, trad.). Cambridge: Harvard University Press, pp. 336-337.

Os profetas da psicanálise

Rank a novos voos. É notável, no entanto, que justo eles, devedores tão fervorosos dessa tradição, refiram por vezes o "primitivismo" ou a "ingenuidade" dessa "antiga superestimação dos sonhos".

Se é certo que os próprios gregos já haviam traçado uma distinção irreconciliável entre charlatães e intérpretes, entre superstição popular e ciência empírica, Freud e Rank são pioneiros em ensaiar uma reconciliação desses polos, na contramão da ciência de seu tempo. Ora, as intensas luzes que propiciaram o nascimento das disciplinas modernas não poderiam deixar de ofuscar as visões oníricas, nascidas dessa penumbra limítrofe. Porém, muito embora fossem também cientistas alguns dos grandes poetas dos séculos XVIII e XIX, é sobretudo da poesia que a poesia se alimenta — assim, é provável que a continuidade de seus temas tradicionais, que resistem às vicissitudes do progresso, aliada a uma poderosa percepção das mudanças epistêmicas que se processam no silêncio da mente humana, tenham propiciado as reflexões que levaram Otto Rank a enxergá-los como os prodigiosos precursores da sua própria arte. Reinventa-se, assim, a antiga profecia.

Índice onomástico

Abraham, Karl, 30-32, 109

Andersen, Hans Christian, 100

Apel, Paul, 72

Balzac, Honoré de, 118

Becher, Johannes Robert, 64

Beda, 84

Benezé, Emil, 137

Bonus, Arthur, 95

Byron, Lord [George Gordon], 75, 77

Caedmon, 84

Calderón de la Barca, Pedro, 72, 122

Chamisso, Adelbert von, 74

Chaucer, Geoffrey, 48

Claudiano, 48

Coleridge, Samuel Taylor, 89

Dickens, Charles, 73

Drews, Arthur, 95-96

Droste-Hülshoff, Annette von, 75

Dryden, John, 54

Du Prel, Carl, 97

Ebers, Georg, 90

Eckermann, Johan Peter, 60-61

Ellis, Havelock, 89

Ésquilo, 84, 156-158

Fischer, Ottokar, 80

Frobenius, Leo, 112

Fulda, Ludwig, 72

Goethe, Johann W. von, 41, 60, 77, 84, 87

Grillparzer, Franz, 65, 72

Grimm, Jacob, 124, 140

Grimm, Wilhelm, 124, 140

Gruppe, Otto, 113

Hardung, Victor, 66

Hartland, Edwin Sidney, 124

Hauptmann, Gerhart, 47

Hebbel, Friedrich Hebbel, 43, 47, 56-57, 59, 67, 75, 85, 87-89, 93

Heimann, Moritz, 78

Heine, Heirich, 74

Heliodoro [de Emesa], 130

Henzen, Wilhelm, 85, 137

Herder, Johann G. von, 57

Heródoto, 117

Hesíodo, 84, 148, 160

Heyse, Paul, 87

Hoffmann, Ernst Theodor Amadeus, 56, 61-62, 70, 90

Holberg, Ludvig, 72

Homero, 84, 100

Hüsing, Georg, 124

Jaehde, Walter, 76

Jensen, William, 83-84

Jones, Ernst, 103, 109

Keller, Gottfried, 61, 75, 80, 87-89

Kiefer, Otto, 51

Klopstock, Friedrich Gottlieb, 70

Kubin, Alfred, 73

Kuhn, Adalbert, 113

Kürnberger, Ferdinand, 44

Laistner, Ludwig, 107

Lenau, Nikolaus, 55, 61, 70

Leyen, Friedrich von der, 52, 108

Lichtenberg, Georg Christoph, 44-46

Lynkeus [Josef Popper], 90

Mannhardt, Wilhelm, 107

Mentz, Richard, 76, 139

Meyer, Conrad Ferdinand, 75

Milton, John, 70

Molnár, Ferenc, 73

Mörike, Eduard, 74, 89

Mozart, Wolfgang Amadeus, 97

Müller, Max, 123

Nietzsche, Friedrich, 33, 45-46, 58, 68, 93, 107

Ovídio, 76

Paul, Jean [Johann Paul Friedrich Richter], 43, 56, 59, 67-68, 70, 92

Píndaro, 84

Rank, Otto, 95, 99, 109-110, 119, 126, 128, 130, 134

Riklin, Franz, 73, 109

Robitsek, Alfred, 81, 83

Roscher, Wilhelm Heinrich, 107

Sachs, Hans (escritor), 74, 84-85

Sachs, Hanns (psicanalista), 73, 95

Saxão Gramático, 133, 136-138

Schiller, Friedrich, 65

Schlegel, Friedrich, 63-64

Schnitzler, Arthur, 66, 90

Schopenhauer, Arthur, 91

Shakespeare, William, 49, 64, 72, 91-92, 103

Sófocles, 102

Spitteler, Carl, 75

Stevenson, Robert Louis, 90

Streicher, Gustav, 73

Strindberg, August, 58, 72

Stucken, Eduard, 127

Swedenborg, Emanuel, 58

Tartini, Giuseppe, 90

Thoma, Hans, 97

Tieck, Ludwig, 63-64, 70, 91

Tolstói, Liev, 46

Uhland, Ludwig, 75, 89

Uz, Johan Peter, 51

Vischer, Friedrich Theodor, 94

Vogelweide, Walther von der, 73

Volkelt, Johannes, 94

Wagner, Richard, 85

Werner, Zacharias, 62

Wieland, Christoph Martin, 52, 70

Winterstein, Alfred von, 51, 62, 77

Wulffen, Erich, 104

Wundt, Wilhelm, 107

Índice onomástico